JN440604

풀 망태 걸머지고

풀 망태 걸머지고

초판 1쇄 인쇄 | 2008년 1월 15일
초판 1쇄 발행 | 2008년 1월 20일

지은이 서명언
발행인 김진수
디자인 두유미
발행처 한국문화사
등 록 1991년 11월 9일 제 2-1276호
주 소 서울특별시 성동구 성수1가2동 656-1683번지 두앤캔B/D 502호
전 화 02-464-7708, 3409-4488
전 송 02-499-0846
홈페이지 http://www.hankookmunhwasa.co.kr
이메일 hkm77@korea.com

책값은 뒤표지에 있습니다.
ISBN 978-89-5726-524-6 03810

풀 망태 걸머지고

서명언

한국문화사

책머리에

나는 끈이 긴 가방을 좋아한다. 외출 할 때, 휴대폰이나 필기구, 책 한 권 담아 어깨에 메면 편리하다. 우산까지 넣을 수 있어 요긴하게 쓰인다. 언젠가 친구들과 회식하는 자리에 가방을 메고 나갔더니 한 친구가, 남자가 웬 그런 가방을 메느냐고 말한다.

그렇다. 끈이 긴 가방이 좋아 메는 것도 사실이지만, 짧은 내 가방끈을 늘려보려는 마음 속 숨은 의도인지도 모른다. 젊은 날의 나는 가방끈에 한이 맺혔다. 친구들의 대학 졸업식에서 그들의 즐거워하는 모습을 보며 나는 울분을 터뜨렸다. 입학을 같이 했으니 졸업도 같이 할 줄 알았다. 그러나 중도에서 학업을 포기한 나는 스스로 내 자신을 비웃었다.

낙오자의 마음속엔 분기가 솟았다. 내가 국문학과를 지원한 마음 속 깊은 곳을 들여다보면 꿈꾸었던 것은 작가였지 않나 싶다. 작가라면 나도 될 수 있지 않은가. 그렇게 분기를 삭혔다.

그러나 직장에서 보낸 삼십 년 생활 속에 작가의 꿈은 그대로 묻히고 말았다.

꿈이 다시 살아난 것은 오십 세를 전후해서다. 막연하나마 무엇인가를 써야 한다는 강박관념에 사로잡혀 지냈다. 산이나 강, 들에 핀 풀꽃까지 탐을 내며 그 곁에서 맴돌았다. 꼴망태 짊어지고 소 먹이러가는 농부처럼, 나는 풀 망태 걸머지고 글감을 찾아다녔다.

미미하기 그지없는 글이지만 한데 묶어 수필집이라는 이름으로 세상에 내놓으려는 것이 욕심임을 안다. 문학으로서 갖출 여러 조건에 미치지 못하는 점 또한 많음을 안다.

글 쓰는 이로서 한 발 더 나아가려는 각오로 이 책을 엮는다.

2007년 겨울에

광명에서 서 명 언

| 차례 |

풀 망태 걸머지고

제3부
추억을 캐는 광부

제4부
하얀 꽃잎의 나비 짓

제5부
어버이의 초상

제6부
산새가 훔쳐본 속살

제1부

화단에 핀 작은 부처

1. 봄을 여는 길목에서
2. 아호인
3. 한강
4. 살라 맛
5. 알렉산드라이트
6. 달개비
7. 엽전 한 닢

봄을 여는 길목에서

조춘, 괜스레 마음이 급하다. 봄빛에 취해 보려고 산행에 나선다. 집에서는 조급하고 몸이 달았는데 산 입구에 도착하니 등 달던 마음이 사라진다. 어서 오라 손짓하는 산의 정상이 시야에 찬다. 산이 선사하는 춘풍화기를 맘껏 만끽하리라.

아직은 바람이 찬데 산에는 봄기운이 확연하다. 쌓인 눈에 먹이를 잃고 마을 어귀로 내려와 서성대던 산새들이 새 터를 찾아 위쪽으로 이동했고, 동면하던 다람쥐가 바위에서 잔설로 목을 축인다. 나무도 꽃망울로 입을 벌려 흙내를 토해 내고, 돌 틈에서 돋아난 파란 싹이 볕을 쬐고 있다. 봄의 부름에 잘도 알고 귀를 여는 여린 생명들의 봄맞이가 아름답다.

탁, 탁, 탁, 머리 위에서 소리가 난다. 올려다보니 참새만한 작은 쇠딱따구리가 나무줄기에 수직으로 달라붙어 부리로 리듬을 타고 있다. 맹랑한 먹이 유인법이다. 모스 부호에 놀란 벌레가 표피 밖으로 기어 나오겠지. 한동안 숨어서 지켜보다가 뒤에 오는 등산객에게 이 명 장면을 양보하고 그 곳을 물러선다.

얼마를 가다가 꽃망울을 짓고 있는 생강나무를 발견한다. 꽃 제조의 숨긴 비밀을 훔쳐보려고 손톱으로 꽃망울을 쪼개 본다. 노란 꽃을 만들 재료가 작은 공간 안에 실하게 담겨 있다. 겨울의 음기에서도 에너지를 모아 차곡차곡 채워 두었다가 양기를 불어넣어 꽃을 만들어 내는 슬기, 알찬 만큼 담아하게 꽃송이를 피어 내리라. 나무의 숨은 힘이 부럽다.

나는 의지의 투혼을 발휘하는 자연 앞에 서 있다. 역경을 이겨 내고 보란 듯이 펼쳐 든 승리자의 깃발들이다. 스스로 눈을 뜨고 내일을 향해 창을 여는 장한 모습들이다. 나는 무엇을 하고 있는가. 아직도 꿈속에서 별을 따고 있는가. 좋은 글 한 편 써 보겠다고 서둘지만 아직도 멀다. 감회(感懷)에 젖는다. 굳은 의지의 상실, 이런 상념을 뇌까리며 고개 숙인 채 걷는다. 정상에 이른다.

능선 북편에 겹겹이 쌓였던 눈이 봄비에 녹아 간데없다. 땅으로 스며들어 생명들의 고갈을 덜어 주고, 골짜기로 흘러 냇물이 되었으리라. 눈을 생각하니 얼마 전, 눈 위에서 사유하던 일이 머리에 떠오른다.

그날도 밤새 내린 눈이 켜를 이루어 쌓여 있었다. 하얀 눈을 밟는 쾌감, 처녀 설만을 밟아가며 구르고 뛰며 한껏 쾌락을 누렸다.

> 정이라니／눈이야／쌓이고 쌓여 깊어지고／뭉치고 뭉쳐 커지는 게.
>
> 사랑이라니／눈이야／밟고 밟으면 굳어지고 ／녹고 녹으면 승화하는 게.

눈의 속성을 이렇게 읊조리며 내 나이도 잊은 채, 아니 뒤편으로 숨기며 푸르던 날을 동경하였다.

한동안 무릎까지 빠지며 눈 위를 걷다가 뒤를 돌아다보았다. 찍어 놓은 발자국, 한 다리 떼어 옮기고 쉬고, 한 걸음 떼어 걷고 멈추고, 굳이 그 형상을 한자로 표기하자면 '品' 자의 연속이었다. 종적(蹤跡)을 보는 순간 실망감이 들었다. 주정뱅이의 걸음, 品, 品, 品…, 그것은 백지 위에 뒤죽박죽 갈겨 쓴 낙서였다. 내 발자취를 실의에 차 바라본 것은 난생후 처음이었다.

걸음은 살아오면서 남긴 자신의 흔적이리라. 오랫동안 걷기를 반복하며 습관으로 이어져 굳어진 행위의 기호이며, 행동뿐만 아니라 사고의 감정까지도 함유되어 무의식 속에 나타내는 기표일 것이다.

남들 걸음의 흔적을 살펴보았다. '一' 자인 사람도 있고 '之'

자 모양의 것도 있다. '一' 자가 곧은 자세의 목표 지향적인 습관의 표시라면, '之' 자 걸음엔 힘찬 자세의 박력과 굳은 의지가 스미어 있다는 생각이 들었다. 그렇다면 '品' 자는 무엇인가. 나의 편견인지는 몰라도 균형을 잃어 멈칫거리거나 힘겨워 쉬고 걷는, 나약성의 지표이리라. 다리의 근력이 미치지 못해 어렵게 지탱하는 몸짓으로 볼 수도 있고, 우유부단이나 의지박약에서 생겨난 습관일 수도 있다. 의지가 굳지 못하고 허황된 꿈만 먹고 사는 자신이지 않던가.

그 때의 느낌을 반추하며 다시 찾은 이곳에 나를 맞아 주는 것은 설경 대신에 무리지어 있는 나무들이다. 나목의 차림이지만 가지는 곧게 뻗고 잎눈이 돋아나 있다. 생명이 뻗어 나는 이 순간을 위해 한파와 싸워 이겨 낸 승자의 모습이다. 봄을 여는 길목에서 이 생명들을 찬양하지 않을 수 없다. 찬란한 이 승자들을 위해 수통을 꺼내 축배를 들어야 하겠다. ♥

아호인

내게도 아호가 있었으면 하는 바람이 있었다. 호는 제자가 학문을 마치고 스승 곁을 떠날 때, 정진하라는 뜻에서 스승이 지어 주면, 제자는 호가 헛되지 않도록 자신을 분발하는 계기로 삼는다는 말을 들은 기억이 있다. 주변에서 호를 쓰는 사람을 보면 내심 부러워했는데, 내게도 호가 생겼다.

부모의 열망이나 희망을 담아 자식에게 지어 준 호칭이 이름이라면, 호는 그 사람의 성격, 품성, 개성 등을 담아 스스로 짓거나 잘 아는 사람이 지어 주어 널리 부르는 이름이다. 호는 사회와 연결된 문화 문자라 하겠다.

얼마 전부터 고전 연구회에서 사마천의 '사기'를 배우고 있다. 20여 명 남짓한 회원들은 거의가 자신에게 걸맞은 호를 가지고 그 호로 상대를 호명하며 지내는 분위기다. 어느 날, 대학에서 외국 학생들을 대상으로 국문학을 가르쳐 많은 후학을 배출한 명예교수이신 회원이, 나에게 '素民' 이란 호를 지어 주었다. 그분은 얼마 동안 나를 지켜보니 웃는 모습이 보기 좋아 모든 이들이 저렇게 밝게 웃으며 지낼 수만 있다면 얼마나 좋을까 하는 마음에서 호를 지었다고 했다. 그 뜻이 고마웠다. 새 이름, 素民을 기쁜 마음으로 받아들었다.

지봉유설 잡사부에 호 사용에 대한 기록이 있다. 중국의 송나라 구양수와 소식 이후부터 비로소 호가 있었다고 한다. 비단 학사나 대부뿐만 아니라 장인, 장사치에 이르기까지 호로 부른다고 하였다. 그러나 우리나라에서는 아무리 명공거경(名公巨卿)이라 할지라도 문장과 도덕이 있는 사람이 아니면 즐겨 호를 부르지 않아 이것은 편벽한 일이라고까지 하였다.

素民, 발음하기도 좋다. 素자는 희다, 순색이다, 비다, 질박하다, 본디, 바탕의 뜻이 있다. 또 民자는 백성을 뜻한다. 사농공상(士農工商)의 신분 차별을 두던 왕조시대에서는 선비와 구별되는 천민을 나타내던 글자였으나, 현대에서는 나라의 주인이다. 民자만큼 널리 쓰이는 글자도 없을 듯싶다.

民자에 희다, 순색, 비다, 등을 넣어 보았다. 청빈한 이미지가 머리에 뜬다. 또, 본디, 바탕의 뜻을 합쳐 보았다. 선량한 의미가 풍긴다. 이렇게 선비의 이미지가 담긴 아호가 자랑스럽다.

기쁜 마음에 인사동으로 달려갔다. 돌 전각을 전문으로 하는 도장집을 찾아갔다. 재질은 요령석이라 하는 돌로, 글자는 소전(小篆)에 양각으로 새기도록 주문하였다. 그리고 이틀 전, 아호인을 찾아왔다.

하얀 종이 위에 인주를 묻혀 눌러 보았다. 빨갛게 반짝이는 아호, 보기가 좋았다. 그 종이 여백에 어떤 글, 무슨 작품을 채우고 이 낙관을 찍어야 좋을까 궁리해 보았다. 역시 삶의 진솔한 모습이 담긴 수필이 아니고 무엇이겠는가.

얼마 전, 서툰 솜씨로 인터넷의 창을 열고 문학 카페를 검색한 적이 있었다. 동인의 신작이라도 있으면 읽어 볼까 싶어 여기저기를 검색하는데 몇 달 전 계간지에 발표했던 나의 글이 화면에 뜨는 것이 아닌가. 그것도 평론가의 평이 곁들어 있었다. 순간 난감하였다. 얼마나 많은 이들이 이 졸고를 읽었을까 하는 생각에 부끄럽기도 했다. 좀 더 심혈을 기울여 쓰고 발표할 걸 하는 후회를 했다.

서예 작품이나 동양화를 보면 반드시 작가의 낙관이 있다. 낙관은 그 작품에 대한 보증이기도 하지만 자부(自負)이다. 작가 자신감의 표시일 것이다. 우리 삶에 대한 진실을 다루고 있어 많은 독자들이 선호하고 공감하는 문학이 수필일진데 그 창작은 낙관을 찍는 마음 자세로 임해야 되겠다는 생각이 들었다.

조선 순조 때 동지충주부사를 지낸 윤필병 이라는 문신이 있었다. 그의 호가 무호당(無號堂)이다. 개백정과 비단 장수까지 호를 달고 다니는 세상이 하도 꼴같잖아 세상 풍조를 바로잡기 위해 자신의 처소에 무호암(無號菴)이라는 편액까지 걸었다고 한다. 호 남용에 대한 경계의 뜻이다.

이처럼 호의 사용은 곧아야 할 것이다. 인품이나 덕이 뒷받침되지 않는다면 호의 사용은 유희에 지나지 않을 것이다. 남들의 호가 부러워 흉내를 내며 문인 · 화가 · 학자가 즐겨 쓴다 하여 모방한다고 그런 류로 인정을 받는 것은 아니다. 오히려 호 남용에 대한 지탄의 눈총만 받게 될 것이다.

어쨌거나 나는 호에서 새로운 활력소를 얻었다. 이름이 하나 더 생겼으니 그에 걸맞게 살아가리라. 낙관을 찍는 자세로 주어진 일에 충실하여 보람된 내일을 향해 달려가리라. ♥

한강

여의도 앞 강물은 찌푸린 하늘 탓에 잿빛이다. 강 건너 밤섬에서 수양버들이 가지를 뻗쳐 강물의 쓰레기를 걷어 내려 애쓰지만 역부족, 찌든 부유물(浮游物)은 틈을 주지 않는다. 강물에 내 모습이 어린다. 희끄무레한 머리카락에 까칠한 살결, 오랜 세월을 한강에 몸담아 일해 온 나, 강물에 절었음인가, 회색 빛 몰골이 스산하다.

오래 전 일이다. 제대를 한 후, 보석을 가공하던 공장을 그만두고 방황을 하던 때다. 뚝섬에서 해가 기울어 음영이 이는 강물에 하릴없이 조약돌만 던지고 있었다. 일과처럼 그 짓을 했다. 그게 한강과 인연이 되었는지 한강사업소에 취직이 됐다. 재난에 대비한 선박관리를 주 임무로 하는 공무원이 됐다.

그러니까 정선 아리랑 가락이 홍에 겨워 흘러서 뚝섬에 머물던 뗏목, 곡물 해산물을 실어날라 마포에 정박하던 돛단배는 이미 자취를 감춘 후였다. 좀 더 정확히 짚자면, 섬을 돌아 흐르는 물결 위에 고깃배 떠가는 모습이 산수화를 방불케 했다는 밤섬이 여의도 개발로 물길 옆에 주저앉고, 시인 묵객들이 경관에 반해 즐겨 찾았다던 선유봉도 양화대교 건설로 사라진 후였다.

나루터 자리에 교량이 서고 강둑이 강변도로로 변하고 있었다. 건설 붐을 타고 골재사업이 호황을 누려, 무려 삼십여 사력(砂礫)업체들이 강바닥을 긁어내고 있었다. 채굴의 진동이 한강을 덮던 때, 나는 선박의 수로를 위해 광나루에서 행주에 이르는 수역을 돌고 돌았다. 불용 자갈이 군데군데 무덤을 만들고, 곳곳에 웅덩이가 생겨 웅덩이에서 조개를 잡다가 익사하는 어린이도 적지 않았다.

썩은 강물, 썩은 조개, 강물의 양도 점차 줄어들었다. 한강 수계 댐에서 방류까지 통제해 적은 수량(水量)으로 개울같이 흐르고, 산업사회로 변해가면서 폐수까지 섞여 들어 강물은 제 색깔을 잃었다. 그래도 철 따라 날아온 물새들이 그 물에서 자맥질로 먹이를 쫓고 있었으니…….

한강의 근원(根源)은 샘이다. 명산에서 솟아난 맑은 샘물의 흐름이다. 강원도 삼척의 대덕산을 기점으로 한 남한강과 판문점 너머 단발령을 발원으로 하는 북한강의 양대 지류가 경기도 능내리 인근에서 합류하여 서울을 관통한다. 대범한 탓인지

거침새 없이 강폭을 넓히며 서쪽으로 흘러 서해로 향한다. 예로부터 민족의 문화를 싹틔운 선사유적지, 백제 멸망의 한이 서린 몽촌 · 풍납의 토성과 아차산성, 그리고 수려한 강변의 풍치와 더불어 곳곳에 정자며, 조운(漕運)의 중요성으로 해서 많은 나루터를 남겼던 겨레의 젖줄이고 숨결이다.

6 · 25 동란 때다. 수복 소식에 피난지를 떠나 귀향하던 중에 어림잡아 이수교 근처, 도강증이 없는 우리 가족은 갈밭에서 해가 기울기를 기다렸다. 사공이, 강물 속에 가라앉혀 숨겨 논 배를 꺼내 칠흑 같은 강을 건너 주었다. 강가에서 밤을 지새우고 풀숲을 헤쳐 나오는데 헤아릴 수 없이 많은 달맞이꽃이 새벽 바람에 출렁대고 있었다. 초등학생이던 당시를 돌아볼 수 있는 것은 강물과 운치, 그 때문 만일까.

강에는 송사리가 떼 지어 놀았다. 송사리와 놀다 보면 갈증이 났다. 모래를 파 샘솟는 물을 손바닥을 오그려 퍼 마시던 한강, 그 빛깔은 하늘빛 그대로였다. 하지만 지금 그 사리에는 도로가 서고 매연과 폐수로 얼룩져 빛깔도 회색이다. 강물에 잠긴 버들잎마저도 자기 색을 잃어 가고 있다.

더는 한강을 죽일 수 없는 일, 여기저기서 한강을 살리자는 목소리가 높아가기 시작했다. 마침내 회생의 기미가 보여, 얼룩진 하상이 정비되고 물가에 호안 벽이 쌓였다. 묵정밭이던 버덩, 둔치가 잔디로 덥히고, 여의도 앞 건천이 준설(浚渫) 되면서 밤섬이 물위로 떠올랐다. 잠실과 신곡에 수중보가 설치되어 수위도 높아져 유람선이 다닌다. 어느새 밤섬이 숲을 이루어 도요새, 오리, 기러기, 논병아리, 갈매기들의 쉼터가 됐다. 고마운 일이다. 늦었지만 한강을 되살리자는 시민들의 호소와 시 당국이 사 년 간에 걸쳐 애써 노력한 덕분이다.

하지만 여전히 강물에는 부유물이 떠다닌다. 오염이 우리 모두를 자멸 시키는 행위임을 알았을 터인데도 비만 오면 지천과 빗물토관에서 쓰레기가 밀려나와 강을 덮친다. 낚시하다 남은 미끼, 떡밥을 쏟아 넣어 강물을 썩힌다. 목을 축이러 날아온 비둘기가, 끊겨 방치된 낚시 줄에 발목이 감겨 불구가 된다. 물새 떼를 부유물로 알고 철렁 내려앉는 가슴으로 강물을 봐야 하는 심정은 너무나 아프다.

어느 누구 못지않게 한강을 잘 아는 자신이다. 태어난 곳이 서울이어서만이 아니고 직장이 한강을 관리하는 곳이니 운명적으로도 그렇다. 여섯 개뿐이던 한강다리가 열일곱 개로 늘어난 긴 세월을 한강과 함께하며 지켜보았다. 한강이 수난을 당할 때, 도로, 교량, 아파트가 세워졌다. 그리하여 살아가는데 편해지고 생활은 풍요를 누려 오지만 그만큼 한강은 희생을 당했다. 이제 한강을 본래의 모습으로 되돌려 놓지는 못하지만, 이에서 더한 피해를 줄 수는 없다. 그러나 걱정이 인다. 여전히 오염이 줄어들지 않고 있지 않는가.

어차피 나와 한강이 숙명적인 만남이라면 더 이상의 피해를 막아 주어야 한다. 나만이라도 감시자가 되고, 먼저 달려가 쓰레기를 줍는 마음으로 지켜 줘야 할 것이다.

그리하여, 달맞이꽃이 출렁이던 운치는 기대할 수 없더라도, 바가지로 한 모금 퍼마실 맑은 물은 없더라도, 철 따라 변조하는 강, 은빛 물결이 굽이치고 푸른 꿈이 넘실대는 강, 조각 얼음이 떠와 다양한 모자이크를 만들고 철새들이 날아와 춤추는 멋진 한강을 언제나 보아야 하지 않겠는가. ♥

살라 맛

마닐라 남쪽 64 킬로미터에 위치한 카비트의 따가이따이, 화산이 폭발하며 생긴 호수 속에 다시 화산이 폭발하여 섬으로 생겨난 따알 화산이 드넓은 호수 속에 펼쳐져 있다.

날개 달린 작은 모터 배에 올라 호수를 달려 활화산에 도착한다. 관광객을 태우고 화산 정상에 트래킹 할 조랑말들이 마장에 대기하고 있다. 가이드는 관광객의 체중을 고려해 조랑말을 선별 배정한다. 나에게 지정된 말은 꽤나 우량해 보였다. 겁도 없이 말 등에 올라탔으나 걱정이 생겼다. 말을 몰 마부가 어린 꼬마였기 때문이다.

가이드에게 마부의 나이를 물으니 여덟 살이란다. 녀석은 가뜩이나 검은 피부가 햇볕에 타서 더욱 왜소해 보였다. 말을 몰아 표고 295미터나 되는 화산을 왕복하기에는 힘에 부칠 거라 염려되었고, 거기에다 신고 있는 신발까지 슬리퍼라 더욱 나를 불안하게 했다. 척추 협착증으로 허리가 유연치도 못한 내가 무사할 수 있을까. 낙마라도 한다면 이국에서 어쩔 것인가.

말이 타박타박 걷기 시작한다. 나는 균형을 잃지 않으려고 말안장의 손잡이를 두 손으로 움켜잡고 전방만 주시한다. 얼마만큼 건던 말은 돌연히 앞선 말을 추월하려 달린다. 그리고 앞이 트인 길에 당도하여 또 속력을 내려 한다. 말 등에 앉아 있는 나는 초긴장 상태인데 마부는 서두는 기색 없이 태평이다.

나지막한 봉우리, 말발굽에 바위가 패여 고랑이 난 길에 이른다. 이곳을 통과하려면 말은 한 줄로 앞 말의 뒤를 따르며 천천히 나가야 한다. 그런데 말은 지체되는 것이 싫었는지 앞선 말을 머리로 밀며 앞지르려 한다. 더욱이 마부는 고랑 옆의 바위를 타 넘어야 하기 때문에 고삐를 내게 넘겨 준다. 나는 녀석 행동에 대항하여 불평할 소통 능력이 없고, 또 성깔이 급한 말을 다룰 재간도 없다. 이런 순간을 겪을 때마다 마음만 졸인다. 화산 트래킹에 나선 것을 후회한다.

무사히 끝내게 될지 걱정이다. 조랑말을 운영하는 조합의 처사가 괘씸하다는 생각까지 든다. 미성년자에게 이런 버거운 일을 하도록 허락하다니 이해가 되지 않았다. 컴퓨터 게임이나 하고 만화나 보며 한창 어리광이나 피울 나이에 고된 마부 질이라니, 이 나라는 어린이를 보호해 주는 아동복리법도 없단 말인

가. 이런 생각을 하다가 마부를 바라보니 연민의 정이 든다. 어린 것이 100 페소(한화 2,000원) 정도의 돈에 목을 매고 태양이 작열하는 산길에서 화산재를 뒤집어쓰며 말을 몰아 살아가는 것이 측은하였다.

화산 정상 절벽 아래 세계에서 가장 작다는 분화구를 바라보며, 또 거쳐 온 길을 내려다보며 쉬고 있으려니 하산할 일이 태산 같다. 걸어서 가려는 관광객이 있다면 동행하고 싶은 심정이었다.

어쩔 수 없이 다시 마상에 올라 하산 길에 들었다. 말이 앞으로 숙여질 때마다 손잡이에만 의지한 채, 균형을 잡으려고 안간힘을 쓴다. 내리막이라 위험하고 또 내가 겁을 먹고 있음을 알아차려서인지 그나마 녀석은 천천히, 그리고 고삐를 맡기는 횟수를 줄인다. 평지나 편한 길에 나서서야 고삐를 넘겨주고 무슨 소리인지 중얼대며 뒤에서 따른다. 처음 중얼대는 소리를 들었을 때는 힘에 벅차 내는 신음으로 알았다. 주의 깊게 듣고 관찰해 보니 시골에서 우리 농부들이 소나 말을 다룰 때, 이랴! 이랴! 하는 것과 같은 말과 교감하는 신호였다. 꼬마 마부는 책임감 없이 말을 몰고, 또 편하자고 고삐를 넘겨 준 게 아니었다. 그 의성어 같은 신호로써 말의 방향을 잡아 주고 속력을 조절 통제하였던 것이다. 말은 그 어린 마부의 능숙한 조련에 순응하여 나를 무사하게 인도했던 것이다.

도착지에 이르자 안도감에 기분이 느긋해졌다. 긴장이 풀리자 손 하나 까딱 안하고 말을 몰던 어린 녀석의 솜씨가 새삼 신통하게 여겨졌다. 순간 뭔가 답례하고 싶은 생각이 들었다. 소지품을 아내에게 맡긴 터라 마땅한 것이 없었다. 혹시나 하는 마음에 점퍼 주머니를 뒤지니 한국 돈 오천 원이 나왔다. 그 돈이 이곳에서 통용되는지 어떤지 생각지도 않고 그에게 주었다. 녀석은 "살라 맛 뽀"라 하며 그 크고 검은 눈으로 생긋 웃는다. '살라 맛' 이란 필리핀 국어인 타갈로그어로 '고맙다' 는 뜻이며 '뽀' 는 '존칭' 이라는데 그 말을 듣는 순간 고마워해야 할 사람은 그가 아닌 나 자신이란 생각이 들었다.

어린 마부가 말을 다루는 여유 있는 솜씨는 거의 달인의, 아니 장인의 경지에까지 이른 듯 보였다. 녀석의 침착성이며 또 프로 근성에 나는 두 손을 들고 만 것이다. 이순을 훌쩍 넘긴 반백의 이국인이 마부 나이가 어리다는, 또 덩치가 왜소하다는 이유로 불안해하고 짜증을 내는 걸 고소란히 지켜보았을 테니 내심 부끄러웠다. 내가 사회인으로, 가장으로, 또 글 쓰는 사람으로 내게 주어진 한 가지 역할에라도 그 어린 마부만큼 능숙한 솜씨로 임한 적이 있었던가.

따알 화산 트래킹에서 녀석은 나에게 값진 깨달음을 주었다. 내게 남겨진 시간, 그 시간만이라도 진정 프로답게 살아야 한다는 걸 배우기 위해 어린 마부와 인연이 되었나 싶다. 그렇게 살아가리라 마음을 다지며 이름도 모르는 녀석에게 내 마음을 띄워 보낸다.

"살라 맛."

알렉산드라이트

나비가 춤을 춘다. 바람에 흩날리는 복사꽃잎 같다. 태 고운 날개를 저어 3층 옥상까지 날아온 나비, 두 쌍 날개가 부럽다. 땅을 기던 애벌레의 변신이 놀랍다.

하기야 사람도 변신을 한다. 무의식 속에 잠재된 아니마의 추구로 남성이 여성으로 성전환을 한다. 물론 애벌레의 속성과는 다른 변신이다. 관능적 향락을 추구하는 또 다른 변신의 속성도 있다. 선의 상징인 지킬 박사는 인간이 둘로 분리되는 약을 고안한다. 그리고 그 약을 먹고 악의 대명사 하이드로 둔갑한다. 사람은 어쩌면 변신의 갈망을 지니고 살아가는지도 모른다. 나는 새로 변하고 싶었다. 높고 멀리 갈 수 있는 새의 비상을 소망하였다.

어린 시절, 창가에 우두커니 앉아 비탈길을 내려다보고 있을 때면 아픈 환영 하나가 떠오르곤 했다. 마당에서 세수를 하던 작은형, 허연 비눗물을 닦을 틈도 없이 서릿발 같은 폭력 앞에 무참히 끌려가던 모습이다. 그 생이별로 애태우는 어머니가 가여워 '날개' 의 꿈을 소망하였다. 금세 녹아 내릴 이카루스의 날개라도 좋았다. 내게 밀랍의 날개라도 주어진다면 태양 가까이는 가지 않으리. 북녘 하늘을 바라보며 두 주먹을 움켜쥐곤 하였다. 새처럼 날아 형의 생사존망을 알아내어 어머니의 시린 아픔을 덜어 드리고 싶었다.

변신을 생각하다 보니 보석이 떠오른다. 한갓 투박할 뿐인 돌덩이를 연마하면 휘황찬란한 보석이 된다. 빛나는 별, 포라리스도 되며 세레네의 황금 관, 달이 되기도 한다. 노란 보석 토파즈를 가열하면 신비스럽게 분홍으로 색깔이 바뀐다.

신비스런 보석은 또 있다. 태양의 조도에 따라 색깔을 바꾸는 보석이 '알렉산드라이트' 이다. 이 보석을 바라보고 있을 때면 둔갑하고 싶은 내 열망(熱望)이 성취나 된 것처럼 느껴져 감동하지 않을 수 없다. 이를 알게 된 것은 30년이 더 된 저편이다.

방황하던 시절이었다. 하릴없이 하늘만 바라보다가 도봉산을 찾았다. 계곡에 이르러 쉬어 갈 자리를 찾던 중, 수채화를 그리는 사람을 보았다. 단풍 빛으로 채색돼 가는 화폭을 감상할 겸 뒤편 바위에 걸터앉으려던 나는 그만 깜짝 놀라고 말았다. 당혹스러워 자리를 피할까도 생각했다. 세월이 흐른 만큼 외양이 달라진 나를 알아볼 리 없겠으나 혹여 기억한다면, 할 일 없이 산에서 어슬렁거리는 내 처지가 부끄럽고 변명거리도 궁색하였다. 그러나 다가갔다. 정중하게 제자인 것을 밝혔다. 중학교 때 유일하게 홍일점이던 양호 선생님이었다.

황해도가 고향으로 서울에서 모 의과대학에 다니던 중 6·25동란이 일어나 남한에 홀로 남게 되셨다. 고향에는 나와 같은 또래의 동생이 있는데 살아 있기나 한지 애가 탄다고 하였다. 어딘가 우수에 찬 스승을 대하면서, 제자인데도 나를 동생이라 부르는 심정을 헤아릴 수 있을 것 같았다. 그 인연으로 스케치 여행을 갈 때면 따라가게 해 주었다. 불암산, 대성리 강가를 몇 차례씩 다녀오기도 하였다.

강가에 앉아 그림 그리는 선생님 손에서 반지를 보게 되었다. 반지의 보트 모양의 마키스 커트 형 보석은 분명 빛깔이 자색으로, 아마도 자수정일 거라 생각했는데 심녹색의 다른 보석으로 변해 있었다. 갸우뚱거리는 내 눈치를 가늠하였는지, "마술을 부리는 마석(魔石)이야" 하며 빙그레 웃는다. 손가락에서 빼어 보여 주며 여러 개 중에서 제일 좋아하는 보석이라고 하였다.

우랄산맥 에카테린부르크의 에메랄드 광산에서 이 돌이 처음 발견되었을 때, 광부들은 두려워하였다고 한다. 캐낼 때는 녹색이던 돌이 밤이 되자 적색으로 변하니 마(魔)의 돌임에 분명했다. 신의 조화일 거라는 걱정에 작업이 중단되는 소동도 있었다고 한다. 이 돌이 러시아 황제 알렉산더 2세의 탄생일에 발견되어 황제의 이름을 따 '알렉산드라이트' 라는 명칭을 얻게 되었다고 한다.

가격으로 따지자면 이보다 나은 보석은 얼마든지 있다. 그렇지만, 선생님은 제일 아끼는 애장품이라 하였다. 그 이유가 무엇일까. 자연광에서는 심녹색이다가 전등 빛에서는 적자색이 되는 변조가 이유일 터, 낮과 밤이라는 속성을 지닌 그 때문일까. 낮의 범주를 희망이라 본다면 밤은 당연히 절망, 혹시나 이런 연유로 해서 매료된 것이 아닐까.

돌이켜 보면, 지난날 고아로서 겪었을 시련은 얼마나 컸을지. 혈육을 향한 그리움은 또 오죽이나 절절했을까. 나의 '날개' 꿈이 한낱 공상일지라도 결코 떨쳐 버릴 수 없음은 형을 그리는 그리움 때문이듯, 선생님은 이산의 절망감을 떨쳐 내려 그림을 그렸을 것이다. 숱한 나날, 화폭에 두고 온 산하를 그리며 고향 가는 길을 물었을 것이다. 거기서나마 핏줄의 안부도 묻고 한을 삭힐 수 있었을 것이다.

선생님은 그 아픈 현실을 수용하고 희망을 거는 방편으로 보석이나마 알렉산드라이트를 선택하였으리라. 그리움이 깊으면 병이 되고, 벗어나고픈 열망은 변신을 꿈꾸게도 한다. 병인은 달라도 소원은 같다. 그리움이 뼈에 사무치면 새가 되고, 보석이 되기도 한다.

알렉산드라이트에 변신의 정령이 있다면, 길지 않을 선생님 여생에 망향의 한을 풀어 주는 희망의 등불이 되어 주기를 기원한다. ♥

달개비

하늘을 본다. 대기가 맑다. 외출을 할까 망설이다가 화단으로 간다. 반 평 남짓, 푸성귀를 심으려고 옥상 한편에 꾸민 화단엔 그새 풀이 무성하다. 허리 통증이 심해 방치했더니 산만하기가 이를 데 없다.

할 일도 없다. 장갑을 끼고 풀을 뽑는다. 뿌리 채 뽑히는 놈, 줄기가 잘리는 놈, 그런데 그 속에서 낯익은 꽃이 눈길을 끈다. 달개비라 불리는 닭의장풀, 꽃의 파란 색깔이 산뜻하며 안정감을 준다.

여러 차례 잡초를 뽑아 내도 보이지 않던 이 풀이 어떻게 이곳에 자리 잡아 피어난 것일까. 옥상이니 종자가 바람에 날아들었을 리 만무이고, 그렇다면 지난 봄, 양평의 유명산 자락에 있는 처남의 별장에 갔다가 돌나물 몇 포기를 캐어다가 화분에 심었는데 그 때, 종자가 묻어온 것일까. 번식력이 놀랍다.

댓 잎 같은 잎 속에서 남색의 꽃과 꽃술에 붙은 노란 화분이 눈길을 끈다. 세 장 꽃잎 중에 위쪽의 두 잎은 남색이며 크고, 밑의 한 잎은 작고 하얀색이다. 꽃잎 사이로 가늘게 늘어뜨린 수술이 모두 여섯인데 노란 화분을 머금고 있는 수술은 별나게도 두 개 뿐이다. 콧김에도 흩어져 버릴 것 같은 그 모양이 앙증맞다. 꽃의 구조가 단순하여 더욱 미묘하다.

자연에 분포하는 꽃 색깔에서 남색과 자주색 계통이 전체의 17퍼센트에 해당한다는 통계를 본 적이 있다. 붉은 색 계통 꽃에 비해 훨씬 못 미치는 수치이다. 다른 색깔에 비해 흔한 편이 아니고 색이 시원하고 또 희망찬 느낌을 주어 나는 남빛의 이 색감을 선호한다. 선조들은 이 꽃의 즙으로 옷감을 물들여 치장을 하였다고 하지 않던가.

그러나, 인가 주변에 흔하게 자라고 있어 뽑히고 홀대받는 풀, 하지만 찬찬히 꽃을 살펴보니 귀엽다. 잎겨드랑이로부터 자란 짤막한 꽃대 끝에 조개 모양의 포로 둘러싸인 잎에서 꽃을 내밀고 있다. 마치, 강보에 싸인 아기가 얼굴을 내밀며 웃음짓는 모습이라고 해야 할까. 아니, 세워져 있는 남색 꽃잎의 모양은 애니메이션의 미키마우스 귀를 연상시킨다. 앞으로 내민 수술에, 수술을 받치고 있는 하얀 꽃잎으로 하여 삼각을 이룬 형태가 영락없이 마우스의 형상이다.

꽃은 대부분 매개 곤충의 도움으로 생식을 한다. 단순 구조의 앙증스런 이 꽃은 어떤 생식의 메커니즘을 지녔기에 이렇게 번식력이 높은 걸까.

남색 꽃잎은 곤충에게 쉽게 보이도록 세워져 있다. 수평으로 난 아래쪽 흰 꽃잎은 접근한 곤충에게 자리가 되어 줄 게 분명하다. 그러면 곤충 코앞에 놓여 있는 헛 수술은 어떤 용도일까. 분명 곤충의 먹이로밖에 쓸데없다. 남색 꽃잎에 홀려 찾아든 곤충이 흰 꽃잎 위에 안락하게 자리를 펴고 앉아 헛 수술로 배를 채운다. 그러면 두 개의 수술에 붙은 꽃가루가 곤충 몸에 자연스럽게 묻게 되고, 배를 불린 곤충이 자리를 이동하면서 생식기관으로 옮겨져 수정을 이루는 것일 게다.

그러니 이 꽃은 매개 곤충에게 그냥 수정을 의탁하는 게 아니다. 당당하게 값을 치러 주는 것이다. 대를 잇기 위해 살점이라 할 수술을 내어 주는 희생, 그것은 포식자에게 먹이사슬이 되는 굴욕과는 또 다른 당당함인 것이다. 이미 생물학적 수명을 다한 뇌사자인 어머니가, 산소 호흡기에 의지한 채, 뱃속의 태아가 무사하게 생명을 잇는 날까지 수명을 연장시킨 사례와도 견줄 만한 인고의 본능 같은 것이 이 작은 꽃 속에 스미어 있다는 생각이 든다.

이것이 이 꽃만의 번식법일까. 나는 야생화 이름을 익히려고 산과 들을 누비며 몇 해를 보낸 적이 있다. 꽃을 대하면서 모양과 색깔에만 취해 경탄해왔지, 왜 꽃이 아름답게 피워야 하는지 그 이유를 알려고 하지 않았다. 만약 나의 상상이 조금이라도 학설에 부합하고 실제와 맞는 사실이라면 이와 같이 종족의 대를 이어 가려는 슬픈 본능에 어찌 감동하지 않을 수 있겠는가.

인간은 자연을 훼손한다. 자연까지 경계를 만들어 잡초는 홀대해도 괜찮다는 편견적인 생각을 하고 있다. 뿐만 아니라 만물의 영장이라 자칭하면서도 자손만대를 잇는 출산까지 기피하는 조짐이 사회의 이슈로 대두되고 있다. 이런 현실이니 더는 무슨 말을 하겠는가.

난 장갑을 벗었다. 어느 글에선가 보았던 '백초시불모(百草是佛母)' 란 글귀가 떠오른다. 풀이 모든 생명의 근원이라는 이 말의 깊은 뜻을 곱씹으려니 옥상 화단에 피어난 작은 부처에게 죄스러운 생각이 든다. 면구스러워 먼데 하늘을 바라본다.

엽전 한 닢

남향 언덕 위에 빛바랜 고목처럼 세월에 찌들고, 끼어든 양옥에 주눅 든 듯, 초라하게 보이는 고옥이 있었다. 하왕십리동에 자리한 고향집이다.

얼마 전, 벗들과 북한산을 산행하고 어우러져 그곳에 가 보니 재개발 사업으로 철거되어 있었다. 지붕은 날아가고 벽은 부서져 땅바닥에 뒹굴었다. 스티로폼 조각이 쓰레기와 엉클어지고 쌓여, 한창 필 목련, 개나리가 싹도 트지 못하고 매몰되어 있었다.

움도 싹도 없는 집터, 쓰레기 더미를 바라보니 애잔한 상념이 일었다. 허무감에 상심은 가슴을 저리게 했다. 그런 중에 그 속에 묻혀 있을 엽전 한 닢이 눈에 삼삼히 피어났다.

그것은 가치도 알 수 없는, 한낱 고물에 불과한 놋쇠 조각이

지만 내게는 동심이 묻은, 묻어 떡살이 된 애틋한 추억이었다.

초등학생 때였다. 여름날 오후 소나기가 걷히고 빗물이 빠진 땅에서 찍기 놀이를 하려고 대못을 찾고 있었다. 친구네 광에서 연장 상자를 뒤적거리다가 엽전을 보았다. 사방으로, 앞쪽은 짝진 사람의 형상이, 뒤쪽엔 한자가 새겨진 투박한 엽전, 호기심이 생겼다. 구슬 30개를 주고 바꿔 가졌다.

장난감이 귀하고 소유하기 어려웠던 그 시절, 엽전은 내게 무척이나 소중했다. 굴리기도 하고 던져 넣기도 하며, 문질러 윤을 내고, 끈에 꿰여 목에 걸기도 했다. 만지작거리며 고대광실 대청에서 호령하는 양반의 시늉도 내 보았다. 또 구멍으로 솜처럼 떠가는 구름, 기러기 흘러가는 파란 하늘을 보며 꿈을 펼치기도 했다.

고등학생이 되어 책에서 사진으로 익힌 상평통보, 동국통보 등, 다른 엽전에 비해 크기나 모양이 다른 내 엽전의 실체를 알아보고자 국사선생님께 보여 드렸다. 앞과 뒷면을 찬찬히 살펴보신 선생님은 잘 간수하라고 이르시며 별전(別錢), 그 엽전에 대해 설명해 주셨다.

별전은 고려 때부터 통용된 화폐의 일종인데, 조선왕조 때에는 삼백여 종이 주조되어 쓰였다고 했다. 문자와 그림돈으로 오복의 뜻이 표시되어 기념이나 송축을 기리는데 주로 쓰이고, 양반 딸 혼례의 예물이 되기도 하였다고…….

설명을 들은 학우들은 내 엽전이 귀한 보물이나 되는 듯 부러워하는 눈치였고, 나는 덩달아 우쭐대기도 하였다.

그런 소중한 엽전을 어처구니없이 잃었다. 잃어버리지 않으려 은밀히 숨겨 둔 게 화근이었다.

나는 5 · 16혁명이 나던 한 주 전에 육군에 자원 입대를 했다. 그로부터 반년이 지나 휴가 명령을 받았다. 서울로 달려가는 부산 발 야간열차에 실린 나는 신바람이 났어야 하련만 울적하였다. 학비에 쪼들리어 군에 간 아들, 타관 고생이 안쓰러워 자나 깨나 마음 아파하실 어머니가 눈가에 어렸기 때문이다. 밤새 눈도 붙여보지 못하고 집에 당도해 대문을 두드렸다. 오매불망 어머니, 반가이 맞아 줄 가족은 어디에 갔는지 낯선 부인이 대문을 열고 나와 우리 가족 이사 간 소식을 전하여 줄 뿐이다.

해서 연이 끊긴 집, 어린 시절, 스무 해를 살면서 개구쟁이 짓 다하고 아버지를 영결한 집. 6 · 25동란 중에 북괴에게 끌려간 작은형이 살아서 꼭 찾아와야 할 집. 집밖에서 나는 구두 발자국 소리에도 행여 하여 가슴이 내려앉는다고 하시는 어머니가 큰집도 마다하고 지켜오던 집.

그러나 점포 두 채를 화재로 잃고 연년을 실업으로 지내신 형님은 기우는 가세를 어쩔 수 없었으리라. 그렇지만 아랫방 벽틈에 솜으로 말아 감춰 둔 그 엽전은, 나만이 알게 벽지 안에 꼭꼭 숨겨 둔 내 엽전은 어찌하고…….

채가지나 않을까, 흘리지는 않을까, 품속에 애지중지 간직하던 엽전이다. 학교에 갈 때는 개구쟁이 조카의 손이 탈까 실로 매어 책상 뒤에 매달아 놓고 돌아와서는 실을 퉁겨서 확인하던 것이 아니던가.

'찾아라, 그러면 찾을 것이요, 두드려라, 그러면 열릴 것이니' 성서의 말처럼 염원하면 성취될 수도 있을 터, 새 주인을 찾아가서 자초지종 감춘 연유를 설명하고 억지를 써서라도 받아내리라. 벼르고 별러 집 앞에 당도하면 웬일인지 망설거려지고, 아스라이 떠오르는 옛 생각에 마음만 상해져서 벼름벼름 하다가 돌아서고 만 나였다.

어언 서른 해가 흘러갔다. 벗들도 자주 만나야 정이 이어지고 멀리 떨어져 살다 보면 잊혀져가는 게 상정인 것처럼, 격세의 탓이랴. 그보다 좋은 게 많아진 세상 탓인가. 그리는 엽전의 정도 세월 따라 망연해져만 갔다. 그런데 헐린 집 쌓인 진개를 바라보니 새삼 그 엽전 한 닢에 애착을 느낀다.

나는 옛것을 좋아한다. 오래되어 형상이 변한 고물일지라도 그 것을 살펴서 내력이나 의미를 헤아려 보게 된다. 내게 소중히 보관해 온 손칼이 있다. 벌겋게 달군 쇳덩이를 벼릴 대로 벼리어 강하고 얄팍하게 만들어 낸 칼이다. 비록 기계로 찍어 만든 현대의 칼보다는 모양이나 질이 뒤지지만 대장장이의 야무진 손맛, 또 인내와 성취, 그 자신의 얼이 배인 것이다. 나는 그

칼에서 창공을 날아오르던 연과 얼레며, 대나무로 활을 만들어 주시던 아버지를 뵙게 된다. 그 당시가 떠올라 코끝이 찡해진다.

남들 중에는 미래의 물건만 소중하다고 여기는 이도 있겠지만 나는 과거의 물건도 그만치 소중하다고 생각한다. 만드는 전 과정을 오로지 지혜와 기다림, 숙련에 의해서 얻어 내던 옛것은 '장인정신' 그 거룩함이 가치요 값이 아니던가. 그래서 소중한 엽전이다.

지금은 고향집과 운명을 다해 묻혀 진 옛것이지만 고향에 대한 아련한 추억이 떠오를 때마다 가장 먼저 내 가슴을 울먹이게 하는 '엽전 한 닢' 이다.

제2부

가을 산의 오케스트라

8. 물바라기
9. 수정(水晶)
10. 아다지오 단풍
11. 부메랑
12. 바닐라 향기
13. 개도 짖지 않는 마을
14. 추억의 꽃송이
15. 노티나무

물바라기

부용화, 접시꽃, 코스모스가 활짝 폈던 꽃길이 있습니다. 광나루에서 양천 백 리를 단장한 자전거 도로도 있고요. 강물과 나란히 굽은 산책로가 끝이 보이지 않습니다. 각양각색의 초화, 목본, 작물의 생태를 보고 자연 사랑의 정신을 일깨우도록 만든 자연학습장도 있습니다.

어린이에게 특히 배려해 주었지요. 그네, 미끄럼틀, 아직은 생소한 이름의 스페이스네트, 여러 놀이 시설이 나들이 나온 꼬마들을 즐겁게 하는군요. 잔디에서 맘껏 뛰노는 꼬마들이 평화롭게 보입니다.

강물이 찰랑댑니다. 자맥질하는 물새도 보입니다. 작은 날개로 어디든지 날아갈 수 있는 물새는 얼마나 좋을까요. 공중을 날게 하는 날갯짓이 부러워 자문해 봅니다. 괜스레 물새를 쫓다가 마포대교를 봅니다.

차도에는 끝도 없이 차들이 꽉 차 있군요. 늘 그 틈에서 버둥대며 지내는 자신, 씁쓸해져 외면치레 하늘을 올려다봅니다. 하늘에는 하얀 조각구름이 종이배처럼 떠가고 있습니다.

자주 나와야 하는 곳이지만 토요일 오후면 혼자서 찾아옵니다. 시민들 속에 묻히기도 하고 강 따라 산책을 합니다. 혼자 걸을 때면 온갖 상념이 고개를 듭니다. 잊었던 옛 기억이 되살아나기도 합니다.

마포대교 밑에 이르렀습니다. 호안 가에 세운 구명부환의 걸대와 마주칩니다. 사각형 스테인리스 스틸 기둥 상단에 주황색 구명부환과 로프가 같이 걸려 있습니다. 형상이 해바라기를 닮았는데, 바라보는 것이 해가 아닌 강물입니다. '물바라기' 라고 이름 붙여 봅니다.

한강 둔치가 새롭게 정비되고 공원으로 조성된 후 이용하는 시민이 늘어가고 있습니다. 자연 익사 사고의 위험이 따르지요. 자전거로 달리다가, 공을 차다가, 호기심에 물가로 접근하다가 실족하거나 하여 생명을 잃는 경우를 예상해 봅니다. 사고는 예고 없고 어디에서나 도사리는 것, 때문에 현장에서 근무하는 직원들은 돌발적인 사고 예방에 전전긍긍하고 있습니다. 순간적으로 발생하는 불행을 어찌 막고, 손쓸 여유가 얼마나 되겠습니까.

시민이 많이 모이는 곳에 인명 구조용 장비를 비치하여 유사시 누구든지 이용할 수 있게 하라는 직장 상사의 명이 내려졌습니다. 하여 나는 물바라기를 설치하는 영광을 얻은 것입니다. 튜브 모양의 부력을 지닌 구명부환을 익수자에게 즉시 던져 구해 낼 수 있도록 로프와 함께 취약한 곳에 갖추어 두는 계획이었습니다.

구조용 장비를 상자에 담아 강가에 두면 크기나 모양이 부적합하고, 아무 곳에나 걸어 두면 도난의 위험이 따르고, 궁리 끝에 거북이를 상상해 냈지요. 그리스 문자의 오메가(Ω)형으로 구부린 파이프를 바닥에 고정시키고 구명부환을 씌우는 것입니다. 손쉽게 걷어 구조에 이용할 수는 있지요. 그렇지만 부환이 바닥에 끌려 손상이 우려되고, 원거리에서 쉽게 눈에 띄지 않아 해바라기 형태로 정했던 것입니다.

한강이 방치되던, 스무 해 전 유월경, 양화대교 북단 하류에서 강물로 들어가는 여인이 있었습니다. 마침 직원과 같이 발견하여 나오도록 소리쳐 종용해 보았지만 여인은 반응이 없었습니다. 직원과 나는 급한 김에 옷도 벗지 못하고 강으로 뛰어들었습니다. 가슴까지 차오는 깊이에 가서야 여인을 붙잡아 나올 수 있었지요. 여인의 바지는 물에 젖어 재봉선이 터지고 구두도 잃어, 옷과 신을 우리가 부담해 주어야 했던 사건이었습니다.

다리 위에서 많은 시민이 보고 있더군요. 왜 하필 신문기자는 없었던지 '용감한 시민, 죽음을 무릅쓰고- 시민의 공복으로서-' 등의 장하고 용감하다는 기사가 실릴 법도 한데…….

그 여인에게 타일렀지요. 익사체가 발견되면 형사들은 신원과 사인을 규명해야 합니다. 부검까지도 하게 되지요. 그런 후 연고자에게 인계를 합니다. 변색된 시체가 자식으로 확인되는 순간 대부분의 어머니는 졸도하고 맙니다. 어머니는 가슴에 긴 못을 박는 아픔을 평생 지니게 되지요. 끝내 병들어 죽고 맙니다. 자살조차 하기 어려운 게 우리들의 삶이며 인생이라고 말해 주었습니다.

그 후 나는 후회를 했습니다. 구명구도 없이 물에 뛰어든 무모한 행동, 경솔했던 행위를 반성하면서 로프를 구했습니다. 틈틈이 로프를 감아 던지는 연습을 했습니다. 살아 있는 물바라기가 되려고요.

한강은 많이 변했습니다. 모래톱 자리에 호안 벽이 생기고 강물이 가득히 넘쳐흐릅니다. 강폭이 넓어지고 수심도 깊어져 대형 선박이 다닙니다. 솔직한 고백이지만 강가에서 홀로 걷기가 두려울 때가 있습니다. 어디선가 살려 달라고 애걸하는 목소리가 들려 올 것만 같아 근심이 생길 때도 있습니다. 이제는 마음이 있어도 전처럼 용기를 내서 남의 목숨을 구할 수가 없습니다. 젊음은 간데없고 희끄무레해진 머리며 비대해진 몸매가 강물에 비친 나의 모습이니까요.

지금은 18개의 물바라기가 군데군데 서 있습니다. 무단히 익수하는 자에 대한 경고의 의미도 되어 주고, 꺼져 가는 초롱불의 한 방울 기름이 되려고 불철주야 물바라기로 자리를 지키고 있습니다. 로프를 지녔던 지난날의 내 마음처럼.

이제 해도 기우는데 산책을 끝내야겠습니다. 가족에게로 돌아가야겠지요. 나는 우리 집, 또 하나의 물바라기이니까요.

수정 水晶

풀잎에 맺힌 이슬이 영롱하다. 눈을 맞추고 있으면 그윽한 음향까지 전해오는 것 같다. 그 맑고 투명함은 수정과 같은 범주로 모아져 미에 대한 고갈까지 해소시켜 준다. 선경 같은 벽계수, 처마 끝에 달린 고드름, 크리스털 술잔으로 이어지는 그 연상의 하모니는 심연의 끝 자락을 더듬게 한다.

망울망울 맺힌 이슬을 옥구슬이라 아이들은 노래한다. 옥구슬이라 하지만 실상은 수정을 뜻함이다. 불경에 양지정수공양(楊枝淨水供養)이라는 말, 다시 말해 부처님께 올리는 감로수의 청량함, 이 또한 수정의 속성이다. 나는 수정을 좋아한다.

중학생 때였다. 벽장 안에 쌓여 있는 짐에서 책 한 권을 꺼내 들고 나왔다. 책의 표지나 내용이 오래되어 어령칙하지만 책에 수록된 김동인 님의 수필, '수정 비둘기' 와 한정동 님의 시, '따

오기' 두 편은 생생하게 기억한다. 수정 비둘기를 읽고 또 읽었다. 재미도 있었지만 감동적이었다.

해안가 거리를 거닐던 병든 젊은이는 문턱에 걸터앉은 소녀를 바라본다. 소녀의 눈은 수정처럼 맑고 진주처럼 영롱했다. 그 눈에 감격한 젊은이는 시계 줄에서 수정 비둘기를 떼어 소녀에게 주고 떠난다.

몇 해가 지나 요양소의 병실에서 젊은이는 소녀의 맑은 눈을 또 기억으로 더듬어 본다. 그리고는 물소리 뱃소리가 들려오는 침대에서 쓸쓸히 눈을 감는다.

그 당시 열두 살 영애라는 처녀를 찾아서 지금까지 수정 비둘기를 가지고 있으면 자기의 유산 전부를 주고 수정 비둘기를 사서, 수정 비둘기와 같이 묻어 달라는 유서를 남긴 채.

아름다운 명화를 본 것처럼 가슴이 찡했다. 젊은이의 불멸에 사랑, 그 상징인 수정 비둘기…, 나도 수정 비둘기가 있었으면 하고 바랐다. 시계방, 도장포의 진열장을 넘겨다보며 한동안 찾아다녔다. 미지의 천사를 만나면 손에 꼭 쥐어 주고 싶었다.

세월이 흘러, 제대를 하고 시작한 사업이 보석 가공업이었다. 물론 기술공을 고용하여 운영한 것이지만, 무슨 인연이었는지 수정을 취급하였다. 자수정, 연수정을 주로 다루게 됐다.

원석을 기계에 끼워 표면과 후면에 삼각형의 규칙적인 형을 내어 갈고 광택을 내면 신비할 만큼 반짝이는 별이 탄생된다.

또, 위에서 보면 원이나 타원형이 되도록 구배와 볼륨을 주어 갈고 광택을 내면 달로 태어난다. 별과 달, 여러 모양의 난을 만들어 금은방에 판매하였다.

나는 물방울 형 수정 난으로 목걸이를 만들어 목에 걸고 다녔다. 수정 비둘기에 대한 대체의 마음이랄까, 아니면 맑고 투명한 그 속성을 본받으려는 마음의 거울이랄까.

공장을 운영하고 보름가량 지났을 무렵, 관훈동 공장에 스님이 찾아오셨다. 의외로 보석을 주문한다. 난의 둘레와 크기를 설명하며 윗면은 둥그런, 아래는 반사광이 나는, 즉, 달처럼 동글하고 별 같은 빛이 반짝이는 혼합형을 만들어 달라고 한다.

무엇에 쓸 거냐고 스님에게 용도를 묻자 부처님께 드릴 것이라 한다. 가락지도 목걸이도 부처님은 소용 있을 리 없는데, 그렇다면 장신구를 공양하는 불교 의식이라도 있다는 말인가.

나중에 설명을 들어 안 일이지만, 불상은 이마 가운데 사마귀 같은 돌기가 있다. 원래는 긴 털이 오른 쪽으로 말려 감긴 것이라 하는데 부처님이 그곳으로 빛을 내뿜는다고 하여 그 빛을 호광 또는 미간광 이라고 한다. 스님에겐 조각해서 만든 불상이 있다고 하였다. 그 불상에 마치, 이슬을 받아 공양하듯, 감로수 같은 투명하고 빛나는 수정 보석으로 미간백호상을 치레하려 한다는 것이다.

원석을 골라 빛깔이 더욱 바래지도록 불에 구웠다. 수정에 약간의 열을 가하면 탈색이 된다. 하얀 원석을, 마치 알을 부화하는 어미 새의 심정으로 정성 들여 갈고 다듬어 빛나는 보석을 만들었다. 스님은 흡족해 했다.

그 때를 생각하면 마음이 흐뭇하다. 오래 전의 일이지만 그 당시의 기쁨을 잊을 수 없다. 우리 땅에서 출토된 수정을 우리 손으로 연마하여 부처님께 올린 것이다. 불교 교리에 어두운 자신이지만 그 수정 보석은 스님의 신심처럼 중생을 구제하는 호광을 비추고 있을 거라 믿는다.

용해된 마그마가 냉각되면서 원소와 결합하여 응고된 돌이 수정이듯, 혼탁하고 불결한 모든 것이 용해와 냉각을 거쳐 수정처럼 맑고 투명해 졌으면 하는 바람을 풀잎에 맺힌 이슬을 보며 가져 본다. ♥

아다지오 단풍

나무가 새 빛깔로 잎을 단장하며 한해살이를 마무리한다. 빛나는 빨강색으로 매무새를 고치는 옻나무, 무안을 당한 듯 홍조를 띠며 바위 틈새를 파고드는 담쟁이덩굴, 빨간 열매 빛으로 닮아 가는 산딸기나무, 그리고 가을 산 풍미의 상징이라 할 단풍나무가 화려하게 잎을 변조하며 산바람에 도리질을 치고 있다.

산의 반란 같은 이 조화를 보려고 바위 위에 오른다. 울긋불긋 물들어 가는 산허리 한편에 푸른색을 고수하는 침엽수가 숲을 이루고 있다. 그 아래 나지막한 골짜기에 또 한 무리 숲이 시야에 찬다. 은행잎처럼 강렬하지 않은 노란 색감이 마음을 끈다.

자주 오르는 북한산이어서 나무들이 더러는 눈에 익다. 봄에 제일 먼저 관심을 끄는 수종이 생강나무다. 쑥쑥 크는 품종도 아니다. 아무리 키 재기를 해도 3미터를 넘지 않아 그늘도 없다. 골짜기에서 또래의 관목들과 얕은 숲을 이루는 나무인데도 왠지 호감이 간다.

산에는 냉기가 휘돌아 감는데 이 나무는 생명의 약동을 과시라도 하듯 꽃망울을 틔운다. 잎보다 먼저 노란 송이 꽃을 듬성듬성 피워 낸다. 꽃은 색깔이나 모양이 산수유와 너무 닮았다. 산수유와는 종속의 부류가 다른데도 같은 시기에 쌍둥이 같이 꽃을 피어 혼란을 준다. 첫 정 같은 이 나무의 이런 모습이 이른 봄 산의 화기를 넘쳐나게 한다.

이 나무는 윗 부분이 세 쪽으로 갈라진 둥그런 잎을 달고 있다. 잎의 모양이 어린이의 벙어리장갑처럼 귀엽고 후덕하다고 느꼈다. 하루는 산에서 나무 이름을 배우고 있던 한 학생이 잎을 들고 선생님에게 나무 이름을 묻는다. 선생님은 잎을 문질러 냄새를 맡아 보라고 한다. 학생은 생강 냄새가 난다고 했다.

같은 흙에 뿌리를 박고 사는 식물인데 어째서 주목은 독성을 지니고, 고로쇠나무는 영양가 있는 수액을 만들어 내는 것일까. 또 초본 중에서도 민들레는 우유 빛의 유액, 애기똥풀은 노란색 유액을 만들어 줄기 속을 채우고 있는 걸까. 같은 입지와 환경에서 나무들은 자기의 특성을 살려 고유의 향까지 품고 있으니 신비롭지 않은가. 생강나무는 종속이 전혀 다른 초본의 뿌리줄기인 생강을, 그런 특이한 향을 지녀 놀랍다.

꽃과 향이 다른 수종의 특성을 공유한 까닭에 이 나무에 끌리고 있는데. 가을 산에서 단풍의 색감 또한 감동을 준다. 색깔이 밝고 곱다. 은은히 퍼지면서도 선명하고, 유연하면서 개성 있는 파스텔 톤이다. 유치원생들을 대할 때처럼 마음의 평온을 안겨준다. 빨강처럼 가쁜 격정의 호흡이 아니다. 그저 품어 나오는 숨결, 그런 은은한 색감으로 다가와 안정감을 준다.

그렇더라도 단풍의 의미는 조락의 예고이다. 빼어난 색감으로 보는 이들에게 감동을 준다고 해도 추락을 눈앞에 둔 직전의 모습이다. 비를 머금은 바람이 불어와 나무를 흔들면 곱던 잎은 떨어져 흙 속에 묻히고, 빈 가지만 남겨 두고 가야하는 별리인 것이다. 흙 속에 묻히는 이치가 섭리요, 자연의 순리라고 하지만, 이를 바라보는 이들의 마음은 서운함이 여운으로 남는다.

그러나 이 생강나무는 닥쳐올 어떠한 시련에도 개의치 않는 듯, 자적함마저 보인다. 시기 · 과욕 · 선망 · 치우침이 없는 맑은 색감으로 천진스레 나부끼는 저 모습들….

어쨌거나, 나지막한 골짜기에서 내미는 노란 몸짓이 곱다. 물소리 바람소리와 조화되는 탓인지, 감각은 어느 결에 청각의 문을 연다. 색감은 음향으로 변해 잔잔하게 그리고 고요하게, 라르고보다는 빠르고 안단테보다 느린 음이 되어, 마치 월광 피아

노 소나타에서 페달을 밟아 내는, 그런 음의 긴 여운처럼 밀려 들어 가슴에 녹아든다.

색채에도 어떤 암시가 있을 거라는 생각이 든다. 단풍나무의 빨강은 반항기 어린 격렬했던 젊은 시절 격정의 색조라 알레그로의 유형이라 한다면, 생강나무의 파스텔 톤의 노랑은 젊음을 보내며 얻은 성숙, 그래서 넉넉하게 다시 그 의미를 헤아려 오래도록 음미하게 하는 아다지오의 타입이다.

눈을 감고 가을 산의 단풍을 귀로 감상한다. 단풍의 고저장단 음향이 새 소리 바람 소리와 하모니를 이루어 가슴을 파고든다. 아름다운 가을 산의 오케스트라다. ♥

부메랑

강가에 앉아 강물을 바라본다. 유유히 흐르는 강물에는 서너 쌍의 겨울 철새가 떠가고 있다. 철을 잊지 않고 모여드는 철새가 정겹다. 저들을 보며 회귀하게 하는 힘이 무엇일까를 생각한다. 긴 여정 온갖 역경에서도 마다하지 않고 돌아오게 하는 힘은 굳은 의지와 끈질긴 집념(意執)이리라.

부메랑처럼 돌아온 철새를 생각하다 보니 화석처럼 고착되어 있던 에피소드 한 토막이 머리를 든다. 그것은 우연에서 생긴 부메랑이었다.

오래 전 일이었다. 친구가 나에게 영현 부대에 동행해 주기를 부탁해 왔다. 무슨 일이냐고 묻자 친구는 한참 만에 입을 열었다. 군에 가서 죽은 동생의 일이라고 했다.

군에 간 동생이 부대에서 자살했다는 비보가 전해 왔다고 했다. 어머니는 허약한 작은아들 군에 가서 오매불망 무사하기를 빌었는데, 자식이 죽어 유해를 찾아가라는 청천 벽력같은 슬픈 소식을 들었으니 그 비통함이 오죽이나 했을까.

맑은 하늘에 벼락이라 했다. 눈을 떴어도 암흑이라고 하였다. 저미는 가슴 억누르며 건밤 지새우고 어슴새벽 어머니를 모시고 집을 나섰다고 했다. 춘천 소양호를 거쳐 부대로 달려갔단다.

어머니는 아들이 죽을 이유가 없다고, 무슨 곡절이 있을 거라고, 죽은 놈 살려내라고, 부대장에게 떼를 썼다. 그런들 무슨 소용이 되랴. 군화 끈으로 소총 방아쇠를 묶어 발에 걸고 자살한 사진을 보고는 말을 잃었다. 부대장의 사건 정황 설명과 위로의 말은 귀에 들리지도 않았다. 가까스로 격정을 가라앉히며 골분의 상자를 않고 서울로 돌아왔다.

어머니는 아들이 눈에 밟힌다며 얼빠진 사람 마냥 멍하니 먼 하늘만 바라보는 게 일과였다고 했다. 친지들의 보살핌과 위안을 받아 가까스로 안정을 찾아가는가 싶었는데…. 보름이 지났을까, 생벼락 같은 일이 또 생긴 것이다. 이번에는 서울의 영현부대에서 유해를 또 인수하라는 기별이 왔던 것이다.

어머니는 끝내 기절을 하고 말았다. 저번 유골은 뭐고 이것은 또 무엇이란 말인가. 죽은 놈은 하나인데 유골이 둘이란 말이냐. 아니면 두 번씩이나 죽었단 말인가. 소리소리 지르다가 혼절하셨다고 했다.

자식 여윈 슬픔을 가까스로 잠재우는가 싶었는데 귀신도 곡할 소식을 연거푸 받은 어머니의 심정은 오죽이나 미어졌을까. 그도 매한가지라 했다. 나중에는 아우가 밉기까지 했다고, 명예롭지 못한 자살로 온 가족을 괴롭히니 원망스러웠다고, 더욱이 지난 번 유해를 처리하면서 고생하던 일이 떠올라 분노까지 치솟았다고 했다.

유해를 가지고 서울에 도착한 그는 어머니를 집으로 보내고 한강으로 갔다. 해는 기울어 강둑에는 인적이 드물었다. 제방위로 올라 강을 내려다보니 어둠이 칠흑처럼 깔렸고 수면 위로 모래 채취선이 시커멓게 떠있어 섬찍지근했다. 그 물체에서 불빛마저 새어 나와 더한층 한기를 느끼게 했다. 도저히 강가로 내려설 용기가 나지 않았고 혼자인 것이 후회되었다고 한다.

힘이 쭉 빠지고 호흡도 멈출 것만 같았다고, 죽음에 대한 공포가 떠오르고, 아우의 유골까지도 두려움의 대상이 되더라고, 한시라도 빨리 처리해야겠다고. 당시의 심정을 이렇게 토로하는 것을 보니 어지간히 두려웠던 모양이다.

그는 발길을 돌려 광나루로 향했다. 당시 광진교는 장마 때 교량 일부가 파손되어 안전상 소형차량만 통행할 수 있었다. 차량이 뜸한 관계로 남들의 시선도 피할 수 있어 다행이었다고 했다. 다리 중간쯤에 이르러 상자를 강으로 내던졌다. 그리고 뒤도 돌아보지 못하고 달렸다고 했다.

그런데 유해를 또 인수해 가라는 통지를 받은 것이라며, 그는 기막힌 표정에 어깨까지 처져 있었다. 친구와 나는 그 부대를 찾아갔다. 그리고 비로소 유해가 회귀하게 된 경위를 장교로 부터 들을 수 있었다.

광나루 다리 아래로 내 던진 유해 상자가 표류하며 잠실 앞 여울목을 지나 뚝섬에 이를 즈음. 배에서 그물을 추스르던 어부가 그 물체를 발견했다고 한다. 물에서 꺼내 보자기를 풀어보니 유해 상자였던 것이다. 어부는 지난 장마 때 수해를 입은 부대에서 유실되었을 거라고 생각하고 부대로 신고를 했던 것이다.

유해의 회귀, 우연이라고 믿어야 한다. 그런데 나는 그 일이 필연이라는 쪽으로 마음이 기운다. 상상으로 추측할 수밖에 없는 어떤 영적인 힘에 의해서 생긴 일이라는 생각이 드는 것이다. 마치, 온달장군이 전사하여 장사를 지내려 하는데 관이 꼼짝하지 않았다. 그런데 평강공주의 위로의 말을 듣고 관이 들렸다는 삼국사기의 전설처럼, 넋이나마 가족의 위로를 받고 싶어 돌아온 것은 아니었을까. 넋을 위로하고 정성을 다해 치르는 장례 의례가 이에서 비롯되었을 거라는 생각이 든다.

피를 나눈 형으로서 마지막 길을 가는 동생을 진심으로 위로해 주고, 눈물로 보냈다면 넋이라도 그렇게 억울해 하지는 않았을 것 같다. 철새를 보며 부메랑을 떠올리다 불쌍한 그 동생이

생각났다. 영혼이나마 위로해 주고 싶다. ♥

바닐라 향기

곶감은 절기로 한로를 지나 말려야 좋다고 한다. 그래야 감의 껍질이 잘 깎기고 올바로 건조된다고 한다. 온도와 습기, 바람을 잘 받아 발효되면 쫀득쫀득하고 단맛이 난다. 이때 곶감 표면에 하얀 가루가 생기는데, 이 분말을 시설(柿雪)이라 한다. 시설은 바닐린을 연상하게 한다.

멕시코 등, 열대 우림에서 분포하는 난과의 덩굴식물인 바닐라나무는, 3년간의 발육이 끝날 무렵부터 꽃이 핀다고 한다. 꽃은 향기도 없고, 겨우 하루밖에 피지 않으며, 수정시키는 매개 곤충이 '멜리포네' 라는 단 한 종의 작은 벌이라 한다. 바닐라를 수확하여 끓는 물로 숙성을 멈추도록 처리하고, 태양열에 건조시켜 바닐린을 얻는다고 한다. 쭈글쭈글 마른 껍질 겉에 곶감의 시설처럼 무색 결정의 분말이 생겨나는데 그 향이 그만이라 한다.

향유나 향미료 등, 다용도로 쓰이는 바닐린에 관심을 두다 보니 왠지 호기심이 생긴다. 책에서 이런저런 나무의 속성과 생태를 알아가다가 돌연히 그리운 벗을 떠올리게 됐다. 그는 나에겐 문학의 향기와도 같은 존재다. 그러나 내가 군복무를 하던 때 애석하게도 세상을 떠나 그의 영정 앞에 향불을 올릴 수 없었다.

벗을 마지막으로 만난 것이 그의 부친 결혼식 날이었다. 4·19 학생 의거가 나던 대학 1학년 가을이다. 그가 모처럼 내게 찾아와 밑도 끝도 없이 "너 결혼식에 올 거지?" 이 말만 전하고 부리나케 가기에 그를 싱거운 친구라고 놀렸는데, 며칠 후 그의 아버지가 결혼식을 올리던 교회에서 그를 본 것이 마지막이 되고 말았다.

그는 중학교 3학년 초에 우리 반으로 편입 했다. 일면여구(一面如舊)라고 할까. 교우한지 얼마 되지 않은 때부터 막역한 사이가 됐다. 나보다 나이가 위였으나 주장이 드세지 않았고 마음도 퍽 여리었다. 피난 중에 어머니를 여의고 할머니와 동생 세 식구가 살아가는데 시장에서 장사하는 할머니의 고생을 보다 못해 그는 학교에 간다며 집을 나와 담배와 껌으로 행상을 했다고 한다. 밑천을 날리게 되자 아예 거리에서 거지처럼 지내다가 친척의 도움으로 편입하게 된 것이라 했다.

작가에게는 그 업을 선택하게 된 그만한 사연이나 동기가 있다. 어떤 명작에 감명을 받았거나 소질이나 소양을 갖췄거나 하는 등의 어떤 계기가 있다. 내가 문학에 막연하게나마 눈을 뜨게 되고 그 싹이 움트게 된 것은 그 교우에게서 비롯되었다고 할 수 있겠다. 그와 사귄지 얼마 되지 않아 그의 집을 방문했다. 책상 위에서 겉장에 손때가 묻은 빛바랜 노트를 보았다. 펼쳐보니 시를 오려 붙이고 여백에 강 · 산 · 나무 · 꽃 등, 삽화를 손수 그려 만든 시집이었다. 왠지 모르게 마음이 끌렸다. 나도 노트를 마련해 잡지나 신문에서 시를 뽑아 스크랩했다. 늘 곁에 두고 외우다 보니 써 보고 싶어지고 그런 동기로 문학에 뜻을 두게 되었다.

어느 날, 그가 다락에서 타자기를 꺼내 왔다. 웬 거냐고 묻자 아버지가 미군 부대 통역관으로 일할 때 쓰던 것이라 한다. 한 글자 한 글자 눌러보다 보면 단어가 외워지고 타자기 다루는데 능란해진다고 했다. 영어의 단어 암기 요령을 설명하려던 그는 무슨 생각을 했는지 시선을 피한다. 그리고 침울한 표정으로 타자기를 제자리에 놓는다.

미국에 계신 아버지가 생각나서 속으로 울었던 것이다. 미군 병사의 도움으로 유학 중인 부친은 신학으로 학위를 취득한 후 다시 전공을 바꿔 학문에 정진하려 귀국을 늦췄다고 했다. 부친의 체취가 밴 타자기에 정을 느꼈을 터이다. 그리운 정에 가슴이 미어졌을 것이다.

우리가 고교 3학년에 진학하고 얼마 안 돼 그의 부친이 귀국했다. 이내 대학의 교수로 부임하였다. 이듬해 그는 부친이 몸담은 대학에 입학하고 가을에 새어머니를 맞이하였다. 자식 입장에서 아버지의 결혼을 말하기가 쑥스러웠던지 나의 짓궂은 희롱에도 대꾸도 못하고 도망치던 순진무구한 그때의 모습이 그립다.

고난의 긴 터널을 지나 도약의 새날을 맞은 벗, 새 가정에서 가족의 후원으로 장래가 촉망되던 그였다. 그렇건만 박복하기 그지없는 그는 날개 한 번 펴 보지도 못하고, 몹쓸 연탄가스가 새어 든 방에서 숨을 거두고 말았으니….

그의 생애를 돌아보면 마치, 하루밖에 피지 못하고 시들어 버리는 바닐라 꽃이 연상된다. 아니, 향기를 품고 숙성되다가 바람에 낙과하고만 바닐라가 떠오른다.

이상한 것은 평소 나의 의식이 친구의 죽음을 부정하고 있었다는 것이다. 어딘가에서 갑자기 나타나 나를 놀라게 해 줄 것 같은 생각이 드는 것이다. 그런데 우연히 그가 다니던 교회 앞을 지나다가 붉게 점등된 십자가를 보는 순간, 벗의 부재가 실재라는 사실을 인정하지 않을 수 없었다.

왜 그랬을까. 이제 조금 알 것 같다. 장례를 못 본 사실이 원인일 수도 있겠으나, 중요한 점을 망각하고 있었다. 문학이다. 육탈골입(肉脫骨立)하여 환생하는 바닐라의 향기처럼, 그는 나의 마음 한 편에 문학의 향기로 살아나 채워 주고 있었던 것이다.

그런 벗을 헤아리려니 필력을 다해 문학에 정진하지 못하는 내 자신이 부끄럽다. 열심히 좋은 글 쓰는 일, 그것이 친구를 오래도록 기억하고 추모하는 길이라는 생각이 든다.♥

개도 짖지 않는 마을

춘천 강을 끼고 화천으로 가는 길에 신포리 마을이 있다. 그 강 건너 산골 마을이 가일리다. 지난 오월, 근교 산으로 산행을 해 오던 일행은 야생화를 관상하고 산마을 경치도 구경할 겸, ㄴ 선배의 고향 가는 길을 따라 나섰다.

신포리에서 배로 가려던 계획이 배편이 여의치 않아 육로로 돌아가야 했다. 화천으로 향하는 지방도로를 얼마동안 달리다가 고탄과 송암을 지나 가일고개 밑에 차를 세운다. 산허리를 끊어 만든 길이라 정비가 덜 되어 차로는 갈 수 없다. 다소 힘들고 불편하더라도 신록과 새 소리에 힘을 얻어 걷는다.

고개 마루에 올라 전경을 바라본다. 겹겹이 펼친 산맥, 멀리 화악산에서 삼악산으로 뻗어 내린 능선, 용화산 서편으로 길게 뻗친 산줄기가 한눈에 찬다. 어딘가 있을 가일리 마을을 헤아려 보며 걸음을 재촉한다.

마을 어귀에 이르자 골짜기를 끼고 따로따로 자리한 농가가 일곱 채, 주변으로 천수답이며 구릉지에 밭이 보인다. 협소한 조건에서도 빈틈없이 일군 농민들의 근면성이 보인다.

길을 따라 맑게 흐르는 도랑, 그 건너로 검게 그을린 집이 있다. 정 노인 댁이라고 한다. 고령에도 자식들 권유를 뿌리치며 한사코 이 마을에 남아 농사에 전념한다고 한다.

정 노인 댁으로 가는 길가에 석축만 남은 집터가 있다. 마당이었을 자리에 복사나무가 바람에 꽃잎을 흩날리고 있다. 가곡 '고향의 봄' 이 절로 나올 경치건만 웬일인지 노래를 부를 어린이는 보이지 않는다.

밭 말뚝에 매어있는 어미 소 곁에서 송아지가 '음매' 하고 운다. 울음이 신호라도 됐는지 두 마리의 개가 정 노인 집에서 뛰어나와 우리를 향해 달려온다. 도사견이다. 낮선 사람에게 틈을 주지 않는 사나운 맹견인데 어쩌자고 풀어서 키우고 있는 것인가. 사람을 물어 죽였다는 기사가 머리에 스치니 몸에 전율이 인다.

한데, 어찌된 일인지 개는 순한 눈빛으로 우리에게 다가와 코를 대며 냄새를 맡는다. 혈통이 잡종이라서 맹수의 본성을 잃은 것인지. 아니면 순한 것이 원래의 본능인지 전혀 맹공성이 보이지 않는다. 얼른 배낭에서 빵을 꺼내 개에게 선심을 쓴다. 개는 빵을 물고 꼬리를 치더니 자기 집으로 돌아간다. 개의 순한 행동에 마음은 놓였으나 그런 태도가 오히려 안쓰럽다.

도랑 건너 둔 턱이 선배의 조부께서 살았던 집터라 한다. 조부는 여러 곳에 정착지를 물색하다가 이곳을 택해 손수 보금자리를 지으셨다고 한다. 농민이 모여들고 시나브로 마을이 형성되자, 조부는 산 밑의 밭을 국가에 헌납하여 학교와 교회를 유치했다고 한다.

그러나 교회는 문이 굳게 잠겨 있다. 가일초교는 언제 폐교됐는지 교정엔 잡초만 무성하다. 마을의 긍지였을 '범죄 없는 마을' 이라고 적혔던 표지판은 풀숲에서 나뒹굴고 있다. 뿐인가. 복사꽃이 흐드러지게 피었는데 꽃놀이 할 어린이는 어디에도 없고, 맹성을 잃은 도사견이 당황하게 한다. 도대체 무엇이 이 마을을 이토록 변화시켰단 말인가.

말할 나위 없이 60년대에 불어온 산업화의 바람이다. 이 마을의 안정과 친화 그리고 넉넉했던 마음들을 앗아간 것이 근대화의 물결이라 했다.

옛 시절에는 춘천강 넓은 둔치를 개간하여 안전답을 일구고 구릉지에 밭을 갈아 작물을 일구며 열심히 일해오던 마을이라 한다. 부업으로 강에 나가 사금을 채취하고, 산에서 약초와 산채를 뜯어, 그렇게 모은 수입으로 자녀들 유학비까지 대오던 넉넉했던 마을이었다고 한다.

그러나 땜이 건설되면서 농토는 수몰되고 강에 토사 유입을 막고자 화전농도 금지되어 이곳 농민들은 집을 헐어 석가래 들보 널빤지 문짝을 추려 달구지에 싣고 제각기 삶터를 찾아 떠나갔다고 한다.

흙을 갈아 씨 뿌리고 곡식이 여물면 걷어 들일 줄밖에 몰랐던 그네들, 농사 말고 달리 살아가는 방도를 알 리 없는 순박한 농민들이다. 어느 농촌처럼 도시와의 소득격차를 내세워 우정 내버린 마을이 아니고 산업 사회가 밀어낸 희생양이다.

남들은 피땀 흘려 농촌을 지켜본들 무슨 소용이 되겠냐며 쉽게 고향을 버리지만, 남은 일곱 농가는 이 땅에 묻히기를 소망하여 애면글면 이 땅을 지키고 있는 것이다.

그러니 맹견인들 짖을 수 있겠는가. 소리라고는, 바람과 물, 새와 소의 목덜미에서 나는 방울소리, 그리고 자기를 부르는 주인의 목소리가 전부인데, 어떤 소리가 개의 경계심을 자극하겠는가. 자고 싶으면 자고 밥통을 긁어대면 먹이를 주는 주인, 주인과 다를 바 없는 사람에게 어찌 경계를 두며 겁을 줄 수 있겠는가. 개도 짖을 수 없는 가일리 마을이다.

추억의 꽃송이

경기도 퇴촌으로 달려간다. 천진암을 향하는 길목에 다다르니 감회가 서린다. 조카가 음식점을 개업하여 찾아가는 퇴촌의 수동 마을은 추억이 깃들어 있어 오랜 세월 가슴에 묻어 둔 곳이다.

마을 앞 넓은 마당이며 대추나무가 서 있던 우물, 아담한 초가가 눈에 선하다. 내친 김에 옛 분들을 찾아뵙고 이야기를 나누고 싶다. 그러나 망설인다. 물굽이처럼 감돌아 흐르는 세월, 옛적 그대로 일 리 없고 나를 소개하고 확인시키기에 너무나 궁색하다. 기회를 보아 다음으로 미루기로 하고 시선을 냇가로 돌리니 지난 시절의 추억이 떠오른다.

김 군의 외가인 이곳에 와서 여름방학을 보내던 때였으니 사십 성상을 더 넘겼다. 외가에는 김 군의 형님 내외만이 마당 뒤편 단출한 초가에서 사셨다. 동란 중 다리에 총상을 입어 상이 용사였던 형님은 트럭을 장만하여 각지를 돌며 농산물을 사들여 서울로 도매를 하였다. 형님이 외지로 나가 있는 때가 빈번해 적적하신 형수는 우리가 찾아가면 반색을 하고 맞아 주셨다. 또 장가들 때가 되어 자기를 찾아오면 착하고 고운 색시를 중매하여 준다고도 했다. 그 모습이 그립다.

마을에서 보면 맞은 바래기에 제방이 있고 그 너머 산 밑을 돌아 흐르는 냇물이 있다. 냇물이 넓게 모이는 기슭에 바위가 있어 그 위에서 다이빙도 할 수 있었다. 작벼리 그곳에 자갈을 골라 내고 텐트를 쳤다. 수영과 낮잠, 잡지를 보고 참고서를 넘기는 게 야영생활의 일과였다. 무료해지면 그 지루함을 달래려고 낙서와 편지를 썼다.

놀랍게도 야영지를 물색하던 며칠 전, 물가에 앉아 물새처럼 물만 바라보고 무엇을 물어도 대답이 없던 그 여학생이 작문을 하냐며 내게 말을 걸어 왔다. 안차보였지만 아리따운 모습이었다.

"나도 시를 좋아하는데."

문학으로 공감대가 형성되어 말문이 트인 우리는 곧 친숙해지고 유익한 대화가 이어졌다. 시와 소설, 작품 이야기, 인생론, 후에 공초시인을 뵈려고 명동 서라벌 다방을 찾아간 것도 그녀에게 얻은 정보 덕이다.

조약돌을 줍고, 또 물에서 물수제비도 뜨며, 노래도 같이 불렀다. 호칭도 격을 높여 미스터 김, 미스 조, 당연히 미스터 서, 어른이나 된 듯, 며칠 사이에 이렇게 우정은 돈독해졌다.

중복 날이었다. 마을 청년들이 몰려와 냇가에서 천렵을 하더니 추어탕을 끓여 놓고 청년회장 집으로 점심 초대를 한다. 겁도 없이 소주를 받아 마신 나는 불덩이 같이 끓는 몸을 가눌 수 없어 비틀대며 텐트로 와서는 곯아 떨어졌다. 목이 타 물병을 찾으려다 둘러보니 그녀의 모습이 보였다.

어제, 장터에 구경을 갔다가 볼거리가 변변치 않아 이내 돌아오다가 김 군이 그녀에게 자두 여남은 개를 사주는 것을 보았다. 질투에 얌심까지 부렸는데 그 자두가 미끼가 되었던지, 정답게 앉아 손장난 치며 오순도순 이야기를 주고받고 있었다.

그때, 마을 청년들이 냇가로 몰려오는 소리가 들렸다. 그제야 그녀는 집에 간다며 윗길로 잰걸음으로 달아나고 김 군은 바래다준다며 뒤를 밟아갔다. 하늘에는 별이 총총히 떴다. 별빛 아래 마을 청년들과 둘러앉아 청년들이 경험한 토끼잡이와 닭서리의 모험담을 재미있게 들었다. 그리고 청년들과 닭서리 모의까지 마치도록 김 군은 돌아오지 않았다.

청년들이 돌아간 후 허허한 냇가에 홀로 있으려니 무섬증이 일고 별 공상이 다 들었다. 텐트에 들어가 누웠다. 산에서 나는 부스럭거리는 소리, 물고기 튀는 소리, 벌레 우는 소리에 촉각을 세우며 얼마를 지났을까. 먼발치에서 인기척이 들려 왔다.

신발 끄는 소리에서 그녀가 집에 가지 않은 것을 알았다. 결국, 필통 속의 연필처럼 셋은 나란히 누워 한밤을 지새우게 되었다. 특별히 촉각을 곤두세울 만한 일은 일어나지 않았다. 대학의 진학을 눈앞에 둔 학생신분으로 불장난이 될 법한 일이겠는가. 그렇게 생각하였다.

그녀가 돌아간 새벽, 김 군 행동이 유별났다. 한기가 도는 냇물로 뛰어들어 목욕을 하는가 싶더니 물 속에서 팬티를 벗어 빠는 거였다. 앞부분에 비누질을 더하는 검측스런 행동에 기가 막혔다. 냇물까지 추하게 느껴졌다. 팬티에 묻었을 이 야만인의 흔적이 물에 희석되어 내 몸까지 전염시킬 것만 같아 꺼림칙했다.

그와의 관계가 전과 같이 원상 복구 될 수는 없다. 또 더 이상 머무르며 추한 행위를 묵인 할 수도 없다. 아무리 젊은 혈기라지만 내겐 모멸감 그 자체였다. 그것은 공모이고 치욕이라는 생각에 배낭을 챙겼다.

지금까지 거부하여 오던 기억이지만 세월에 마음도 성숙해진 탓인지, 옛일이 추억으로 피어난다. 조약돌을 줍고, 나란히 자갈밭을 거닐던 여고생, 옛 모습 그대로는 아닐지라도 살짝 꺼내보고 싶어진다. 문학의 꿈, 그 여운을 감출 수 없기 때문일 것이다.

그녀는 어떻게 변해 있을까. 눈을 감으니 웬일인지 그녀의 모습은 보이지 않고 목련화가 떠오른다. 뽀얀 꽃송이라 그나마 다행이란 생각이 드는 것이다.♥

노티나무

북한산, 산 중턱 샘터에 이르면 아름드리 고목이 서있다. 긴 가지를 드리워 샘을 감싸며 산들바람을 흘리고 있다. 비탈진 산길을 오른 탓에 가쁜 숨을 헐떡이며 샘물로 목을 축이고, 이 나무 그늘에 앉아 체온을 식힌다. 정신까지 맑아진다.

얼마 전까지 이 나무 표피의 색을 붉은 팥 빛으로 기억하고 있었는데 지금 보니 회색이 감돌고 있다. 잘못 알았던 것일까. 착시 현상이었을까. 이리저리 살펴보는데 가지에 매달아 놓은 표찰이 눈에 띈다. 안경에 의지하는 나의 시력이지만 분명, 노티나무로 표기되어 있다. 세상에는 별난 이름의 나무도 있구나, 혼자 중얼댔다.

이름에 걸맞게 노티를 낸다. 장정이 양팔로 감싸고도 남을 우람한 밑둥치가 노장답다. 표찰의 이름이 한 마리 곤충의 결례에 의한 것이 밝혀져서 일행과 같이 웃고 말았지만, 느티나무가 아닌 노티나무로 불러 주고 싶다.

느티나무는 장수하는 수종이다. 여북하면 영수목이라는 뜻에서 궤목(樻木)이라는 속칭도 썼겠는가. 우리나라에서 1,000년 이상 된 나무가 64그루로 집계되는 가운데 25그루가 이 수종이라고 한다. 그런 까닭에 오래된 마을치고 없는 곳이 별로 없고, 당산나무로, 정자나무로 불려 와, 그래서 고향 나무로 상징된다. 이 나무는 잎 끝이 타원형으로 느릅나무 잎과 비슷한 둥근 잎의 느티나무다.

이 수종에서 풍기는 영수목의 품성 때문인지 인격을 부여해 왔다. 우리 겨레의 정서와 통하며, 호흡 또한 같이 해왔다. 충북 괴산군 청천면 사담리 마을에 속칭 '우는 나무' 는 경술국치 때 울고, 6 · 25 동란 때도 흐느꼈다는 의인화 된 글을 본 적이 있다. 국운이 기울거나 국난이 일 때면 민족의 서러움을 알고 비통해 울었다고 한다.

또 이 나무가 공덕을 베풀어 벼슬을 지낸 사람도 있다고 한다. 조선조 세조 때 남원 땅의 우공이라 하는 무공이 있었다. 그는 어린 시절 산에 올라 맨손으로 나무를 뽑아 마을 앞에 심어 놓고 정성껏 보살폈다. 그 후 그는 이 나무를 잘 보호하지 않으면 가만 두지 않겠다는 말을 남기고 고향을 떠났다. 우공이 나라의 큰 공을 세우고 경상좌도 수군절도사에 이르는 벼슬을 지냈는데 이 느티나무가 빌어 준 공덕의 힘이라 한다. 아마도 당산나무라는 믿음에서 생긴 전설인 듯싶지만 후손들은 지금도 나무의 공덕을 믿어 사당을 짓고 한식에 제를 올린다고 한다.

주인에게 충절을 지킨 개가 죽어서 나무로 환생했다는 이야기는 널리 알려져 있다. 김개인 이라는 노인이 봄날 장터에서 마신 술에 취해 개천 둑에 누워 잠이 들었다. 마침 들불이 나서 불길이 노인 곁에까지 번졌다. 개는 개천에서 몸에 물을 적셔와 뒹굴기를 여러 번, 불은 꺼졌으나 개는 탈진해서 죽었다. 잠에서 깨어난 노인은, 갸륵한 개를 고이 묻고 무덤 위에 지팡이를 꽂아 애도해 주었는데, 그 지팡이가 싹이 트고 자라 느티나무가 되었다고 한다. 언젠가 남원으로 가는 길에 그 의견 비(義犬碑)를 본 적이 있다.

그렇다면 북한산의 이 나무는 어찌하여 마을에 자리 하지 못하고 산 중턱에서 등산로를 지키고 있는 것일까. 아마도, 이곳에 영천이라는 샘과 그 뒤로 평평한 공터가 있는 것으로 보아, 혹시라도 예전엔 민가나 사찰이 있었던 곳은 아니었을까 싶다. 세월에 씻겨 그 흔적은 찾아볼 수는 없으나 한때는 나무 곁에 사람들이 모여들어 인정의 가교가 되고, 또 나그네나 나무꾼에게 휴식 터로 자리를 제공하며 서민들의 애환을 함께 하지 않았을까.

나는 동란 중에 헤어진 가족이 있어서 그런지 이 나무를 대하며 엉뚱한 생각을 한다. 민족상잔의 한국 전쟁을 겪으며 납북 인사가 끌려가던 길이 미아리 고개 뿐이었을까. 북으로 가는 지름길이며 공중의 감시로 부터 은닉과 기도가 용이한 이 산을 넘었을 것이다. 그러니 참혹한 현장에서 잠시나마 납북 인사들에게 그늘이 되어 울분과 피땀을 식혀 주며 안식을 제공하지 않았을까.

어쨌거나, 이 나무를 보며 겨레의 동맥 같은 힘을 느낀다. 바위 틈에 든든히 박힌 뿌리에서 굳센 의지를 읽고, 밑둥치로부터 넓게 퍼진 줄기에서 뻗어나는 기상을 본다. 넷으로 갈래 진 줄기로부터 가로로 갈라진 가지에 그득히 달린 잎에서 생동하는 생명력을 느낀다. 넓게 그늘을 드리워 더위를 잠재우는 모습이 더없이 믿음이 간다.

겨레의 얼이 보이는 노티나무가 미덥다.

제3부

추억을 캐는 광부

16. 겨울 철새
17. 마노(瑪瑙)
18. 강남 개구리
19. 목 좀 털라구요
20. 밤섬
21. 꽃피는 박태기나무
22. 우산

겨울 철새

절기는 봄인데 아직은 찬바람이 옷깃을 여미게 합니다. 토요일 오후, 봄을 밟고 싶어 성급하게 나선 나는 봄맞이 준비가 한창인 여의도 한강시민공원을 걷고 있습니다. 한강의 봄은 여전히 남녘에 머물러 있군요.

강물은 그 빛이 푸르러야 하련만 회색 빛깔입니다. 하늘과 대기 그 빛깔에 묻혀 잿빛입니다. 봄꽃이 피고 누렇던 잔디가 파래지면 함초롬한 그 빛 따라 강물도 변조하겠지요. 한강의 색깔은 잿빛으로 잉태되고 푸르게 탄생해 파랗게 성장하니까요.

물새가 밤섬 사이에서 첨벙거립니다. 먹이를 몰고 다니는 놈, 꼴깍 꼴깍 숨이 가쁜 놈, 짝을 좇는 놈…, 한 움큼 검정깨를 뿌려 놓은 것도 같고 떠다니는 갈잎 모양으로 보입니다. 어릿광대의 귀여운 몸짓인데, 퍽도 분주하군요.

조망대 앞에 앉아 구경합니다. 그놈 그놈이 그놈만 같습니다. 고방오리는 꼬리가 삐죽하고, 흰뺨검둥오리는 노랑부리입니다. 비오리는 붉은 부리에 검은 띠가 있고, 검정 부리의 조그마한 쇠오리, 집오리의 원조라는 청둥오리까지 어우렁더우렁 넘놀지요. 자맥질하는 그들이 대견합니다. 옷을 껴입고도 추위를 타는 나약한 자신이 무색해지니까요. 강물과 한 몸이 되어 지내는 물새를 바라보니 옛날 빈곤하면서도 분수를 지키고 살았던 선비들의 유유자적한 삶이 연상됩니다.

가을에 날아오는 겨울철새가 116종이나 된다고 합니다. 두루미, 고니, 노랑지빠귀, 기러기, 오리, 멋쟁이…, 한강에는 대부분 오리 류가 월동합니다. 북위 50도 전후의 초원이나 습지에서 지내다가 기후와 먹이, 낮과 밤의 차이로 피난을 옵니다. 마치, 낡은 선박에 의지해 태양과 별로 방향을 잡고 사선을 넘어 월남한 어느 가족의 경우처럼, 등걸잠 갖은 고투 끝에 무서리 맞아가며 가을 녘에 날아 듭니다. 한강은 이들을 맞아 줍니다. 밤섬에서 건초와 검불로 초가를 짓게 하고, 겨울나기를 하게 하지요. 잠실과 난지도를 오가며 사냥합니다. 공명과 부귀를 떠나 누추한 곳으로 옮겨 여생을 보내던 선비의 삶도 이러했겠지요. 일러 누항(陋巷)의 삶이라 하였습니다.

유람선이 강물을 가르며 지나가는군요. 뱃고동 소리에 놀라 겁먹은 몇 놈이 강물을 차고 떠오릅니다. 몇 놈이 밤섬 너머로 날아가면 넘놀던 강물이 일렁입니다. 파도가 생겨 밀려오지요. 강모래를 밀어 내던 파도 소리는 정겨웠는데 호안에 부딪는 물소리는 차갑게 들립니다. 우매하게 보낸 세월의 책망 소리만 같아 버럭 화를 내고 싶은 충격을 느낍니다.

전에, TV로 보도되었던 재두루미 기사가 생각납니다. 몇 해 전 용인의 자연 농원에서 부화되어 성장한 재두루미였습니다. 일본의 규슈지방에서 월동한 재두루미가 첫번째 귀착하는 철원에서 합류하도록 방사해 주었는데 3일 만에 한 마리가 그만 변을 당했습니다.

거북 · 사슴과 더불어 예로부터 추앙받는 십장생의 한 부류입니다. 부부 금실이 좋다는 원앙도 해마다 짝을 바꾼다는데 일단 부부로 연을 맺으면 죽을 때까지 해로한다는 두루미, 북동풍으로 기상이 변할 때 시베리아나 중국 동북부 지방의 습지로 둥지 틀러 가도록 배려해 주었는데 트럭에 치여 요절한 것입니다. 논이나 물가에서 긴 목을 굽히고 걸어 다니며 먹이를 취하는 섭금류의 새로서 넓은 시야의 경계심도 남달랐으련만.

언젠가는 죽을 운명, 죽음은 왜 이토록 가혹할까요. 영원한 이별이라서 인가요. 죽은 자는 생명에 비수를 꼽는 아픔으로 고통이 끝나지만, 산 자는 그 고통을 비통(悲痛)으로 이어받아 애석(哀惜)이라는 형벌을 받는, 그리하여 동경(憧憬)이라는 먼 선고가 집행되고 망각(忘却)의 형기를 마쳐야 되는가 봅니다.

그래서 생불여사라고 하는지.

굽은 목을 흐느적거리며 죽어 가는 두루미 곁에서 짝은 떠나지 못하고 멍멍히 서서 울고 있었습니다. 눈물이 말라 흘리지도 못하며 서러움을 참는 처절한 모습으로 내 눈에 비쳤습니다. 온실 속에서 자란 여린 꽃이 어찌 모진 풍파를 감당해 낼 수 있었겠습니까.

성수대교 붕괴 사고 이후 한강은 시민의 장애가 되었습니다. 차들로 인해 교량이 몸살을 앓고 있습니다. 정체된 차내에서 한강의 물새까지 볼 수 없다면 얼마나 답답할까요. 한데 어우러져 떠다니는 물새는 권태와 짜증을 덜게 합니다. 마음의 위안까지 줍니다. 추위에 떠는 나약한 내게 용기와 마음의 평정, 그리고 누항의 삶까지 가르쳐 주었습니다.

오래지 않아 둔치 꽃밭에 싹이 돋아나고 잔디가 파래지면 잿빛이던 한강이 푸르게 변할 테지요. 그때를 맞아 철새들은 되돌아갑니다. 많은 철새가 텃새로 잔류하는 것만 보더라도 험난한 길입니다. 매의 기습, 기상 변화, 혹한과 싸우며, 돌개바람 폭풍우에 탈진하면서도 그 지방을 고집스럽게 찾아갑니다. 도대체 그 아집은 무엇 때문일까요. 하얀 꽃봉오리로 북녘을 바라보는 목련의 마음 같은 것일까요, 그러나 철새는 강한 생명력을 지녔습니다. 걷고 날고 잠수하는 다재다능한 힘으로 모든 시련을 극복할 것입니다.

그 여행이 끝나면 되돌아오겠지요. 추위를 몰고 가던 길을 서리를 맞으며 되짚어 오는 철새들, 그 운명이 우리와 무엇이 다르겠습니까. 인생은 나그네길이라고 노래하지 않던가요. 그렇게 살아가렵니다. 어떤 시련이나 고난에 처해도 비굴하거나 굴복하지 않는, 그런 삶을 마다하지 않으렵니다.

마노瑪瑙

그 옛날, 내게 투명한 유리병이 있었다. 무료할 때 놀아 주던 노리개인 것이다. 병 안에는 비취 · 산호 · 호박 · 미라 · 수정 · 마노 · 백옥 · 청옥 · 루비…. 쓰임을 다하고 버려진 보석 쪼가리로 채워져 있었다. 같은 것, 외톨인 것, 색깔 고운 유리도 더러 섞여 있어 유리병에 투영되어 내는 빛깔이 모양과 달리 보기에 괜찮았다.

조각들을 손수건 위에 쏟아 놓고 바라본다. 그것들은 누나와 언덕에 앉아 밤하늘의 수를 세던 별, 천체로 바뀐다. 다시 별들로 열 짓기를 하고 짝 맞추기를 한다. 또 색상별로 나누고 모개모개 놓으며 한참을 놀다 보면 별들은 변용을 이룬다. 다시 틀로 어우러져 모자이크가 된다.

별 하나를 잡아 옷핀으로 찌른다. 예리한 날로 그어 상처를

낸다. 퉁기어 나는 감응, 힘에 맞서는 견고성, 나는 그 감촉에서 묵직한 보석의 경도를 감지한다. 부의 상징이던 보석, 애지중지 사랑을 받아 오다가 형체를 잃어 모래나 진배없이 추락한 것. 이렇게 헤아리다 보니 왠지, 신의나 자조(自助)를 외면하고 이익만을 꾀하는 인간의 속내를 보는 듯해 언짢은 심기가 든다. 한 개를 집어 원래의 형상을 떠올려 본다. 복원되는 원형의 이미지는 별 같은 찬연함을 이어 간다. 충동이 끓어오른다. 모양을 재현해 주고 싶다. 이런 바람을 마음속에 담고 지내던 어느 날, 실천할 좋은 계기, 걸맞은 돌을 찾아냈다.

명동 뒷골목에서였다. 도장포 앞을 지나다가 도장재료가 진열된 유리 상자를 보았다. 그 안에 직각사면체 도장이 눈에 띄었다. 다가가 살펴보았다. 합성수지가 아닌 돌이어서 마음이 놓였다.

값을 물었다. 주인은 난감해 하였다. 돌을 전각하는 시설을 갖추지 못해 새길 수 없다며 구색을 맞추려고 넣어 둔 진열품이라 했다. 색깔이 예뻐 탐이 난다고, 간직했다가 도장을 새겨 사용하겠으니 팔라고 하였다. 이렇게 구해 나와 연을 맺은 돌 도장, 그것의 재질은 마노였다.

말의 머리를 닮았다는 원석 모양 때문에 이름 붙여진 준보석이다. 화산암이 지표와 가까이에서 냉각하며 굳은 이산화규소의 광물에서 산출된다고 한다. 다시 말해, 유리 원료인 규소의 산화물 석영으로써 결정질의 것은 수정이고, 전자 현미경으로 보아야 구성 결정입자를 구별할 수 있는, 잠정질의 것이 마노다. 수정과는 성분상 한 형제다. 색깔과 무늬가 다양해 여러 명칭이 있는데, 이 도장은 희고, 붉은 줄무늬가 있는 '사드오닉스' 라는 것이다.

'규합총서' 에 재미난 글이 있다. 옥과 돌에 두꺼비 오줌을 바르면 밀(蠟)같이 연해져서 칼이 마음대로 들어 옥 그릇, 패식(貝飾)을 이 법으로 새긴다는 것이다. 두꺼비 코에 생즙을 바르면 오줌을 싸는데 분량이 적으므로 큰 두꺼비를 물에 삶아 그 물로 옥과 돌에 바르면 연해진다는 것이다.

이 연석법(軟石法)은 석필(石筆)을 만든다며 화단에 돌을 묻어 두고 틈만 나면 오줌을 싸대던 어린 날의 옛 일을 기억나게 한다. 설사 이 법을 실험 삼아 시도하려 해도 두꺼비 포획에 자신이 없다.

연마에 쓰일 재료를 준비한 후, 도장의 무늬를 봐 가며 줄을 긋고 연마사를 써 가며 톱질을 했다. 잘린 토막을 그라인더 숫돌로 갈아 모양을 냈다. 스텝 커트, 일부는 카보숑 커트로 형을 잡고, 다시 사포로 다듬고 산화크롬으로 다시 갈아 광택을 냈다. 드디어 도장은, 커프스단추 1벌, 타이핀 2개, 타원형 반지 2개의 난(卵)으로 거푸 태어났다.

도장은 하나의 틀이었다. 그것은 변용의 힘입어 6개의 보석의 틀로 거듭나고 몇 배의 가치를 얻었다.

누군가 '틀' 은 체제를 이루는데 있고 '변용' 은 과정에 관계한 것이라 했다. 거듭 변용을 하면 틀이 바뀌고 다시 변용 위에 선다. 나는 변해야한다. 그래서 삶의 대한 자세의 변용을 희망한다.

투박했던 돌덩이가 변용을 거듭해 도장에서 또 보석으로 틀을 바꿔가듯, 사람도 거듭 변용하여 자신이 추구하는 틀로 태어나야 할 것이다. 인생의 가치가 진선미의 창조라 한다. 그렇다면, 참되고 착하게 그리고 남에게 귀감이 되는 삶을 지표로 삼아 변용해 나가야 할 것이다. 노력을 다하면 인간의 참 모습의 틀로 거듭나지 않을까.♥

강남 개구리

7월 중순의 일요일, 장마는 주춤한데 먹구름은 하늘을 벗어나질 않는다. 찌푸린 날씨 탓에 온종일 집 안을 서성대다가 저녁나절에 나선 곳이 서초동화원이다. 선배가 운영하는 화원에서 꽃구경을 하려는데, 뒤편 비닐하우스의 꽃나무 숲에서 '꽉, 꽉' 소리가 들린다. 청개구리의 울음이다.

한적한 연못가, 버드나무 잎을 타고 놀던 놈이다. 채소밭을 기웃거리다가 껑충대며 도망치던 녀석이다. 문명의 이기에 밀려 사람 곁을 떠난 지도 오랜데, 부의 상징으로 일컫는 신도시, 강남에서 울고 있으니 놀랍다.

며칠 전, 시골 농장에서 꽃나무 타고 꽃차에 실려 온 놈이라 한다. 해질 녘이면 숲에서 보챈다고 한다. 감정도 가락도 없이 그저 울어댈 뿐이란다. 그 울음소리가 동심에 뛰놀던 추억을 회상하게 한다. 보고 싶은 '훈이' 의 모습이 떠오른다.

서울이라 하지만 변두리, 내가 성장한 곳은 농지가 많았다. 윗집에 살다가 실개천 넘어 밭 가운데 연못이 딸린 집으로 이사 간 훈이 덕에 그곳이 나의 놀이터였다.

아버지와 일찍 사별하고 외삼촌댁에 맡겨져 할머니 응석동이로 커가던 그였다. 할머니마저 노환으로 별세한 후에는 집 지키는 게 일과였다. 식구들이 시장에 장사하러 가고 나면, 빈 집에 혼자 남아 닭장 안의 닭들을 괴롭히고, 마루 끝에 앉아 손으로 턱을 받쳐 들고 대문 쪽만 바라보고 있었다.

내가 찾아가면 반가워서 밭고랑을 제겨디디며 뛰어나왔다. 메뚜기, 방아깨비, 풍뎅이 그리고 매미만한 청개구리도 잡아왔다. 청개구리는 뭉클 뭉클, 미끄럽고 차가운 감촉에 질겁하는 표정이 재미나 훈이의 윗도리 속으로 넣어 놀려 주고, 뒷다리 발목을 잡고 있으면 몸통을 흔들어 방아를 찧는 방아깨비, 젖혀 놓으면 날개 짓에 마룻바닥을 빙빙 도는 풍뎅이로 장난을 쳤다. '앞마당 쓸어라, 앞집 방아 쪄라, 뒷마당 쓸어라, 뒷집 방아 쪄라….' 서로가 외쳐 대면 그 혼성은 개구리 울음처럼 연못가로 퍼져 갔다. 소금쟁이가 물위에 줄을 긋고, 놀란 개구리가 첨벙대는 연못으로 이동해 낚시질을 했다. 구부린 대바늘에 실을 꿰여 나뭇가지 끝에 매달아 물에 담구고 '개구리 동동, 파리 동동' 목청껏 외쳐 대지만 놀란 그 놈을 낚을 수 없었다.

나보다 두 살 아래 훈이는 체격이 크고 용기가 있어 서로 다투면 여간해서 지려하지 않았다. 이견이 생겨 분해서 울 때면 쉽게 울음을 그치지 않았다. 할머니를 부르면서 우는 게 예사인데 엄마를 부르며 울 때도 있었다. 엄마가 다녀간 날이면 더 그랬다. 이승에 간 아버지가 애석하고, 잠시 보고 가버리는 엄마가 야속해서 그랬으리라.

연못이 매립되고 집터로 변해 갈 즈음 서식지를 잃은 개구리처럼 타지로 떠나간 훈이, 어떻게 성장하여 무엇을 하며 지내고 있을까. 그 후 6 · 25동란 중에 인민군 간호병으로 끌려갔다가 반공 포로로 석방되었다는 어머니와 강원도의 작은 어촌에서 살고 있다는 말을 전해 들었다.

개구리는 보기에도 순하다. 풀잎의 순한 색을 몸빛으로 하고 풀잎과 작은 벌레를 먹고 살아간다. 앞다리보다 긴 뒷다리와 물갈퀴를 지녀 땅에서 활동이 불편하다. 기는 동작이 둔해 오히려 뛰면서 활동한다. 민첩하지 못해 뱀에게 잡혀 먹히기 일쑨데 반항을 하거나 독기를 품어 방어할 줄도 모른다. 하늘에서 날던 매도 순한 습성을 알아챘는지 어렵잖게 낚아챈다. 그런 천성 때문일까, 울음이 헤프다. 보채는 울음소리가 마을을 흔든다.

그 여린 개구리가 희귀해졌다. 도시개발, 문명의 이기에 밀려 서식지를 잃고, 농촌도 농약 살포로 살아갈 수 없는 환경에 설상가상 또 하나의 무리가 난동이다. 풍요로운 생활인데도 영양

실조 환자가 그리도 많은지, 이른 봄이면 개구리를 통째로 잡아 먹으려고 야단들이다.

예전에 달 기운 어두운 밤길, 소리 높여 마을 어귀에 이른 것을 알려 주고, 한 뼘의 땅, 물이 고인 웅덩이면 터 잡아 살면서 해충을 잡아 농사 피해를 덜어 주며, 비 올 녘이면 소리소리 물꼬를 트라고 외쳐 기상예보까지 해주던 개구린데….

그런 개구리를 빌딩의 숲으로 변한 강남에서 만나다니 뜻밖이다.

탯줄 그리워 보채는 걸까. 꽉, 꽉, 꽉…, 둔탁한 울음소리는 분명 내 고향의 소리다. 박정한 도시 생활, 치솟는 집값에 그곳을 떠나 위성도시로 밀려난 내 처지와 비슷해서 일까. 그 소리가 결코 예사롭게 들리지 않는다.

목 좀 털라구요

요즈음 산을 찾는 이들이 늘었다. 연세가 웬만한데도 야한 빛깔의 등산복을 입고 힘차게 오르는 것을 본다. 아름다운 모습이다. 이들의 목적이 유희요 육신의 건강뿐이겠는가. 산의 조화를 느끼며, 인생사 힘겨운 고통도 덜어 보려는 것이다.

맑은 공기뿐만 아니라 초목에서 뿜어 내는 피톤치드, 산행을 하다 보면 산 향에 취해 무겁던 머리가 가뿐하다. 산허리를 넘어 걷다 보면 피부 속 노폐물이 땀으로 섞여 나와 상쾌한 기분도 느낀다. 기력에 부친 몸이지만 귀가하여 따스한 물로 목욕하고 잠자리에 들면 이내 수면은 깊어지고 다음 날은 보통 때 보다 더 즐겁게 하루를 맞이하게 된다.

봉우리에 올라 "야 호"하고 외치면 잠겼던 목도 트이고 목청에 힘도 생겨 성대 건강에 도움이 될 것이다. 요즘 성행하는 노래방에서 음치 취급으로 뒷전에 밀리는 푸대접은커녕 팡파르의 영광도 얻게 되리라.

그런 연유에서인지 북한산에서 하산하는 길에 산 중턱에서 "야 호 야 호." 하며 소리 지르는 중년 부인을 만났다. 부인에게 왜 소리치느냐며 말을 걸었다. 부인 답변이 재미있다.

"목 좀 털라구요."

"소리치시면 목이 털라요?"

"그렇다고 하데요."

옆에서 듣고만 있던 ㄱ형이, 배에서 소리가 나와야 목이 털란다며 한술 더 뜬다.

'트일려고요' 를 '털라구요' 로 또 어느 새 '털나요' 로 변형되며 이어지는 대화, 희롱한다고 오해를 할 수 있음에도 불쾌한 기색이 없이 오히려 화기애애한 분위기로 이어져 간다. 산이 선사하는 기의 혜택 때문일까 싶다.

여러 지방의 사투리를 듣다 보면 'ㅡ' 의 발음이 'ㅣ' 로 변하여 표현하는 곳도 있다. '트일' 을 '털라' 로 발음하는 이 부인도 그 지방 출신이 틀림없다.

오래 전 직장에서, 내가 소속된 부서에서 중요한 행사를 추진하고 있었다. 기관장은 물론 저명한 인사도 참석해 문제점을 도출해 토론하며 해답을 찾고 평을 듣는 순서로 계획되어 있었다. 진행은 물론 토론의 주재자는 부서장이었다.

부서장은 연습을 하였다. 연단에 나와 인사하고 슬라이드를 넘기며 설명하고 질문을 받는 전 과정을 몇 차례씩 반복했다. 그래도 마음이 내키지 않는지 직원에게 잘못된 점을 지적하라고 한다. 세밀하게 따지며 지켜보았지만 별 이상은 없다. 다만 사투리가 문제라면 문제였다.

'금촌' 의 지명을 '김천' 으로 또 "의"를 '이' 로 발음하는 것 외에 문제 될 만한 게 없다. 그러나 다행인 것은 기관장과는 동향의 동문생 사이였다. 그러니 사투리는 오히려 애향심을 두텁게 하고 학창시절의 우정을 돌이켜 보는 좋은 계기가 될 수 있다.

이렇듯 사투리가 득이 될 수 있는 경우도 있겠으나 어설픈 사투리의 모방으로 곤혹을 치루는 때도 있다. 군대에 입대하고 부산으로 배치된 나는 어느 날, 광복동 거리를 활보하고 있었다. 대학생으로 보이는 멋진 여성에게 길 안내를 받을 심사로 길을 막고, "가시네요, 길 좀 물어 봅시다."라고 말했다. 그녀는 다음 말을 잇기도 전에 불쾌한 표정으로 피해 가고 있지 않는가.

군인 주제에 감히 수작을 부린다고 오해하는 것만 같아 나도 기분이 상했다. 그러나 후에 알게 된, '가시네' 는 젊은 여성의 호칭이 아니고 여자를 낮추어 부르는, 계집아이를 지칭하는 사투린 것을 알았다. 그러니 거리에서 여성에게 뺨 맞지 않은 것만도 다행이다. 지금도 그 말을 들을 때면 그 일이 생각나서

뒷머리에 손이 간다.

그런데 사투리인지 잘못된 발음인지 알 수 없는 표현이 있다. 심지어 TV에서 그런 류의 연설을 흉내내는 코미디 프로가 있어 이를 본 옆집 네 살짜리가 "갠제, 갠제, 갠제" 하며 뒤뚱거리며 마당에서 뛰며 놀기에 동요라도 부르는가 싶어 귀를 기울이던 때가 있다. '경제' 가 '갠제' 로 발음되는 그 발음에 비하면 목을 털라고 '야호' 를 소리치던 부인은 얼마나 애교스러운가.

그 부인의 사투리를 생각하다가 이런 상상을 해 본다. 우리 집 강아지의 보송보송한 하얀 털이라면 모르겠으나 구둣솔같이 까슬까슬한 검은 털이 목의 겉이 아닌 목젖에서 돋아나면 어쩔 것인가. 털 난 목으로 음식을 넘기기에 곤혹스러울 거며 면도나 가위로도 잘라낼 수 없을 터, 아찔하다.

어쩌다 부질없이 망념에 젖어들다 보니 털수세가 연상되어 웃음이 절로 난다. 억지로 참아 내는데 느닷없이 ㄱ형이 부인에게 "목에 털 난 내 소리 들어 보겠어요?" 한다. 그리고는 목청을 가다듬고 배에 힘을 주며 한 곡조 넘긴다.

한 많은 이 세상 야속한 님 아 / 나를 두고 님 만 가니 눈물이 나 네
아무렴 그렇지 그렇고말고 / 한 오백년 살자 더니 웬 성화요.

구성진 가락이 그늘 내린 산자락에 퍼져 간다. 우리를 따라

하산하는 부인은 털 난 목에서 내는 선율이 부러운지 재창을 외치며 종종걸음으로 따라오고 있다.♥

밤섬

쪽빛을 닮아 가던 멋스러운 강물이 누렇게 변해 흐른다. 둔치의 잔디는 밀려온 퇴적토로 무덤처럼 덮였고, 꽃나무도 강물이 토해 낸 앙금에 형체를 분간 할 수 없게 되었다. 시민들의 건강 증진에 한 몫을 하던 운동구도 물결에 쓸려 자리를 잃었고, 모든 시설이 흙탕으로 뒤범벅되어 성한 모습을 갖춘 것이라고는 하나도 없다.

구중중한 흙탕에서 미꾸리 한 놈이 꿈틀대고 있다. 헤집는 몸짓을 치지만 둔덕돌에 막혀 빠져 나갈 길이 없다. 강물에 놓아주려고 양손으로 오그려 잡으려는데 그 새를 못 참고 버둥질친다. 성의도 모르는 미물, 추어탕이 되는 운명의 항거일 거라 생각하니 안쓰럽기 그지없다.

여의도 하구 샛강에서 조사들이 호안을 등에 업고 앉아 낚시

질을 한다. 흙내에 홀려 몰려오는 물고기의 겨냥 질이다. 상처가 나면 그 부위에 진흙을 발라 스스로 치유한다는 물고기, 흙내가 그리도 그리웠음인가. 하기야 탁한 도시, 오염된 공기 속에서 숨을 쉬며 살아가는 자신, 맑은 공기에 목말라 산을 찾는 마음과 무엇이 다르랴. 미끼에 홀려 바늘에 꿰이는 불행이나 면했으면 하고 부질없는 생각을 한다.

선박이 당도한다. 호안 부록 경사면을 제겨디디고 내려가 승선한다. 전 직원이 여의도 북측, 밤섬으로 건너가 청소를 하기 위해서다.

4만 8천여 평 규모의 밤섬은 여의도 윤중제 공사에 흙과 석재를 내주고 건천으로 있었다. 한강 개발공사로 하상을 정비하면서 17년 만에 다시 섬으로 형성되었다. 수면에 얄게 떠서 수양버들 갯버들 잡초로 숲을 이뤄 조류들의 삶터가 되었다.

예전에는 뽕나무를 많이 심어 양잠이 성했다고 하고, 맑은 모래가 널리 펼쳐져 있어 한강의 풍치를 더해 주었다고 한다. 와우산 아래 창천동으로 이주한 이곳의 수몰민은 옛 삶터를 잊지 못해 매년 방문을 한다. 조상들의 넋을 기리는 행사도 한다. 그러나 금번 홍수에 떠밀려온 쓰레기로 제 모습을 잃었다. 볼썽사나운 몰골로 변했다.

지저분한 환경, 낯선 형상이 불만스러운지 나뭇가지에 매달린 까치가 불안하게 짖어 댄다. 갈매기도 게정거리듯 공중을 돌며 선뜻 내려와 앉으려고 하지 않는다. 날씨가 추워지면 날아오는 철새들은 이제 어디에서 머물어야 할지, 할퀴고 쓸고 간 홍수가 원망스럽다.

나무마다, 가지와 잎사귀에 비닐 조각이 엉겨 붙어 덩덕새머리 같다. 빈병 · 나무토막 · 깡통 · 냉장고 · 타이어 · 세탁기 등 온갖 폐물이 여기저기 널브러져 쓰레기의 집하장을 방불케 한다. 나무에 올라가 비닐을 걷어 낸다. 쓰레기를 긁고 파내어 선박으로 옮긴다. 고지랑물에 몸을 적시고 덩굴가지에 긁혀가면서 쓰레기를 수거한다. 치우고 치워도 줄지 않는 그 분량, 밑 빠진 가마에 물 붓기 격이다.

죽은 후 넋이 비를 내리게 했다는 태종 우, 임진왜란 때 진주성 여인들 한이 올올이 비에 맺혔다는 남강 우, 유배지 제주도의 가시울타리 안에서 죽어 그 한이 비를 내리게 했다는 광해 우, 견우와 직녀의 만남이 반갑고도 서러워서 내렸다는 쇄루 우 등, 비(雨)는 제 나름대로의 전설을 지니고 있다. 사연마다 한이 서리고 넋이 배어 있다. 8월 하순, 3일 간이나 비를 내려 한강을 홍수로 만든 이 비에는 어떤 사연이라 말해야 할지.

자연 환경의 파괴, 그에 따른 경고라고 생각하고 싶다. 쓰레기의 투기와 방치로 해서 환경은 파괴되고 있다. 또 한 수질까지 오염시켜 많은 생명체가 병들고 죽어 간다. 언제 물기가 말라 시체가 될지도 모를 흙탕 속의 미꾸라지, 낚시 바늘에 꿰일지도 모를 샛강가의 물고기, 왜 자기들의 영역을 이탈했겠는가. 먹이만의 문제였겠는가. 오염에 찌든 강바닥, 해감이 역겨워 그러했으리라. 인간의 몰지각에 도리 없이 희생당하는 재앙이다.

국군장병까지 투입되었다. 장병이 5일 간이나 몸을 혹사해가며 청소를 했다. 무려 6백여 톤 이상의 쓰레기를 수거했으니 분량도 문제지만 걸러지지 않고 씻겨 내려갔을 오물은 또 얼만가. 바다 생물을 죽이는 부영양화의 요인이 강으로부터 유입된 오물이라지 않던가. 생각 없이 던진 돌에 개구리가 맞아 죽는다는 말처럼, 안일한 쓰레기의 대처로 해서 많은 생명이 위협받고 있다.

초라한 모습으로 떠올라 숲을 이루고 새들의 삶터가 되어 준 밤섬, 이번 홍수에 오물의 걸림 막 역할을 하여 다소나마 하류로의 확산을 덜어 주었다. 또한 수거한 쓰레기가 매체를 통해 보도되어 환경에 대한 경각심도 심어 주었다.

돌아올 철새에게 더 좋은 환경은 아니더라도 탈 없이 지낼 수 있도록 자리 마련은 해 주어야 한다. 먼 거리를 마다하지 않고 제 집인 양 찾아오는 철새의 몸짓이 처절하지 않은가.

꽃피는 박태기나무

배신자를 꼽자면 단연 '유다' 이다. 스승인 예수를 대제사장에게 넘기고 은화 30개를 받은 자. 스승에게 사형 선고가 내린 것을 보고서야 죄 없는 사람을 팔았으니 큰 죄를 지었다 후회하며 성전에 돈을 내던지고 나가서 목매 죽은 자. 곤두박질하여 배가 터지고 창자가 흘러 나와 피밭을 만들었다는, 그렇게 운명을 다한 자다.

그 피밭에 심어져 있던 나무, 유다가 목매달아 죽은 그 나무와 같은 수종이 내가 전에 근무하던 청사의 화단에 심어져 있었다. 볼품없는 그저 그런 나무라고 여기면서도 봄이면 촘촘히 돋아나던 자홍색의 밥풀 같은 꽃이 예뻐 즐겨 관상하던 나무다. 원산지가 중국으로 콩과의 이 낙엽 관목을 박태기나무라고 하는데. 英名이 Chinese Judas Tree이다. 다시 말해 중국산 유다

나무라고 한다.

서식 조건의 탓도 있겠으나 우선 꽃피는 기간이 짧다. 4월 초순경 꽃망울을 맺는가 하면 개화 하고도 한 주일을 넘기지 못한다. 회백색이 도는 줄기는 윤기도 없고 구부러져 울타리 용도로나 적합하다. 잎이 가지에 달려 있을 때는 주위의 수목과 어우러져 별로 흠이 보이지 않다가도 가을에 잎이 지면 드러난 줄기와 가지는 까칠한 게 메마른 듯 보이며, 더하여 가지에 매달린 콩깍지 같은 종자까지 바짝 말라 삭막해 보이는, 특성이랄 것도 없는 나무다.

유다의 행위가 오죽 미웠으면 가식, 배신행위라는 말로 Judas Kiss 라고 하겠는가. 그런 몹쓸 유다를 이 나무와 같은 선위에 올려놓고 그 꽃을 배신자의 피로 상징하는 소설이 있다. 미국의, '캐더린 앤 포터'의 〈꽃피는 유다나무〉가 그런 내용을 담고 있다.

젊고 아름다운 여인 로라는 낮에는 인디언 어린이의 영어교사로, 밤에는 멕시코 혁명을 지도하는 정치 운동에 가담하여 동지들의 연락원으로 활약한다. 어느 날 옥중에서 젊은 동지 유제니오가 죽는다. 유제니오의 부탁으로 로라가 구해 준 수면제의 과다복용이 사인이었다. 본의 아니게 로라는 유제니오를 죽음에 이르도록 만든 것이다.

유제니오가 로라의 꿈속에 나타나 그녀를 죽음의 나라로 데려 가겠다고 한다. 살려 달라고 애원하는 로라에게 유제니오는 유다나무에서 따뜻한 피가 흐르는 꽃을 따서 입속에 쑤셔 넣어 준다. 그리고 그 꽃을 먹는 로라를 보며 살인자라고 마구 욕설을 퍼붓는다. "이것은 나의 피와 살이다." 라고 그녀는 외치면서 꿈에서 깨어난다. 유다 피가 흐르는 붉은 꽃을 먹어 줌으로써 배신자로 결정화 하는 내용이다.

나무도 덕성을 지녀야 한다. 덕이 높은 나무는 후대에까지 추앙을 받는다. 속리산 법주사 입구의 정이품송은 지금껏, 수려한 모습으로 사랑과 보호를 받고 있다. 조선조 세조가 법주사에 행차하기 위해 연(輦)을 타고 그 나무 밑을 지날 때, 나무가 스스로 가지를 올려 세조가 무사히 지나갈 수 있었다는 것이다. 세조가 이에 탄복해 벼슬을 내렸다는 정이품송의 전설은 너무나 유명하다.

반면 부덕한 나무는 비난을 받는다. 신이한 말이기는 하나, 산행 중에 멀쩡한 나무가 베어져 나뒹굴고 있는 것을 볼 때가 있다. 소위 흉한 나무라고 잘라 버린 것이다. 나무타기를 하던 사람이 떨어져 몸을 상했거나, 삶을 비관하여 목매 죽었을 경우, 그 나무를 흉한 나무, 귀신이 붙은 나무라 하여 베어 버리는 것이다. 죽은 자의 한이 나무에 옮겨져 귀신나무가 된다는 이치다. 그 나무를 보면 죽은 이의 모습이 상기되기 때문에 그렇게 여기는 게 아닌가 싶다.

또한, 사람이 왕래하는 길가에 길게 가지를 늘어뜨린 나무가 있다고 하자. 나무가 제아무리 수려하다고 해도 행인에게 불편을 주는 만큼 가지는 잘려서 수려함도 잃게 된다.

박태기나무 이 수종은 배신자를 교수로 죽게 한 나무다. 나무의 입장으로 보면 떳떳하고 장한 나무라고 할 수 있다. 하지만, 나무 중에 하필이면 배신자 유다의 피를 묻히고 자살의 방편이 되어 주었겠는가, 자두나무 밑에서 갓을 쓴 격이니 부덕한 유다 나무인 것이다.

사람들의 이런 정서와 편견으로 해서 이름 지어 불러온 나무지만 문득문득 생각이 난다. 자홍빛 고운 빛깔로 꽃봉오리를 촘촘히 달고 피던 나비모양의 꽃을 떠올리니 같이 관상하던 옛 동료들이 그립다. 그 시절이 그립다.

우산

장마전선이 한반도를 벗어나 태평양에 머물러 있다. 마른장마라는 말까지 나왔는데, 그새 기세가 돌아 호우로 몰아친다. 금년 장마의 예고일 성싶다.

창틀에 팔을 걸치고 내리는 비를 바라본다. 빗물이 가슴까지 젖어오는 듯 마음이 착잡하다. 애수가 밀려들고, 언덕 위의 옛집도, 청개구리 보채던 미루나무가의 연못도 어른거린다. 어린 날의 추억이 쏟아져 내린다.

거리를 거닐고 싶다. 아이들이 빗길을 배회하면 분명 저지하려 할 것이나 나는 밖으로 나가기로 한다. 쏘다니다 보면 끌리는 곳이 있겠지. 거리로 나선다. 고인 빗물을 피해 걷는데 느닷없이 어느 여인의 골프 우산이 어깨를 찌른다. 반사적으로 움츠리려던 나는 그만 우산을 놓친다. 우산은 나동그라지고 뒤집혀

우산을 수습하느라 옷까지 적신다. 신중치 못한 여자, 이런 뇌까림을 박자 삼아 걷다 보니 전철역에 이른다.

우산살 하나가 부러졌다. 토막 난 살을 추스르며 전철에 오른다. 바닥에 눕혀 놓고 바라보려니 속이 상한다. 살이 쳐진 우산으로 비를 막고자 움츠리고 걸어야 할 자신을 생각하니 한심하기 그지없다.

상왕십리역에서 내린다. 지금은 타향처럼 느껴지는 곳이지만, 내 고향, 동심이 묻힌 추억의 샘이 아닌가. 내친 김에 마을을 둘러보고 낯이 익은 이를 만나면 그간의 소식이라도 알아보리라. 개찰을 하고 나와 우산 파는 곳을 찾아보기로 했다. 사방을 둘러보지만 행상은 없다. 할 수없이 차도로 나온다.

비오는 날이면 많은 이들이 차도 변에 나와 전차를 기다린다. 외지로 나간 가족이 비를 맞을까, 우산을 들고 마중 나온 이들이다. 가족을 만나 우산을 쓰고 나란히 걸어가던 다정한 모습들. 옛 전경이 그려진다.

모퉁이를 돌아 걷는다. 한 소녀가 살았던 집터가 보인다. 6 · 25 동란이 나던 초등학교 3학년까지 한 학급이던 연이가 떠오른다. 용모가 바르고 귀염성이 있던 그 애, 성적이 우수해 좋은 중학교에 다녔다. 하교 길에 우연히 만나 같이 걸어오다가 그의 어머니에게 들킨 적이 있었다. 다 큰 것이 거리에서 남자와 시시덕거린다고 무안을 당하고는 그게 겸연쩍어 그 이후에는 일부러 아는 체를 하지 않았다. 그녀의 모습이 눈에 잡힐 듯 하다가, 이내 사라진다.

그녀의 집은 빈곤하였다. 가난을 비관하여 약을 먹었다. 날개 한 번 펴보지도 못하고 중학교 3학년 꽃다운 나이에 이승을 떠났다. 당시 그 소식을 말해 준 그녀의 단짝 친구는 왜? 라는 물음에 자기에게 남긴 마지막 편지를 보여 주었다. 효도하며 행복하게 잘 살라는 그런 절절한 부탁 뒤의 한 구절, 나는 그 말이 무슨 아포리즘이라도 되는 양, 지금껏 머리에 담고 있다.

'도시락 같은 것은 투정이지만, 우산만은 모멸감과 수치였어.'

이 구절을 무심히 넘길 수가 없었다. 비 오는 날이면 문득문득 생각나게 하였다. 삶에 있어 의식주는 필수 조건. 그럼에도 그녀에게는 의와 식이 딜레마였다. 한 끼 도시락은 그런대로 몸 내부에 넣는 것이어서 먹은 양 감출 수 있다. 나아가 초근목피로 연명한다는 말을 빌려서라도 투정으로 자위할 수 있다. 그러나 복식이나 다름없는 우산은 외부로 드러난다. 남에게 비를 맞는 모습을 보이는 우산의 결여는 옷을 입지 않은 것과 다를 바 없다. 알몸뚱이를 내보이는 것 같은 수치감에, 또 돈과 교환되는 상품이기에 모멸감을 느꼈으리라.

가난으로 도리 없이 비에 교복을 적셔야 했던 여학생, 한 손에 책가방, 다른 손으로 수건이나 보자기로 어찌 비를 피할 수 있었겠는가. 그보다 속살이 배어나는 젖은 교복을 말릴 틈도 없이 다시 걸치며 등교하면서 또 비를 맞아야하는 절박함, 젖은 몸을 하고 돌아오며 무슨 생각을 하였을까.

굳이 환생을 믿어 본다면, 그녀는 깊은 산 나무 그늘에서 피어나는 우산나물이 되었을 성 싶다. 잎이 방패 모양으로 손바닥처럼 갈래지며 핀, 이 풀꽃을 산에서 보았을 때 삿갓 모양인 게 묘하다는 생각을 했었는데, 이 풀에게도 전설이 있다면 비에 한이 서려 있을 성싶다. 삿갓 모양새가 우산 같고 잎 끝이 뾰족한 날카로움이 맺힌 한을 연상하게 한다.

골목을 거닐며 주민인 척 해본다. 하지만 그것도 어설프다. 도로며 집, 삶의 방식, 모든 것이 발전하고 변해 낯이 설다. 그러니 불과 반백 년 전 서민들 삶에서 우산도 빈부를 가리던 지표였음을 수긍할 이는 있을 리 없다.

나는 격세지감을 느끼며 추억이라는 어두운 광맥에서 사연을 캐고, 또 삽질로 덮는 광부가 된다. 비는 더욱 세차지고 있다.

제4부

하얀 꽃잎의 나비 짓

떠나가는 배

배가 한 줄로 묶여 끌려간다. 교량에 이르러 교각 사이를 통과하기 위해 선두에서 끄는 배가 회전을 한다. 끌리는 배는 물살에 쓸려 빗나가려 한다. 마치 도살장으로 끌려가며 버둥질치는 소 떼를 보는 것 같다.

만물은 시간이 감에 따라 수명을 다한다. 바위도 흙이 되고, 꽃도 십일을 넘길 수 없다. 사람도 영고의 법칙에서 벗어날 수 없는데 배인들 예외일 수 있겠는가. 오랜 세월을 한강에서 일해 오다가 제 몫을 다 하고 고철로 팔려가는 배, 멀리서 뒷모습을 바라보니 못내 아쉽다.

실과 바늘의 사이랄까, 배와 나는 주종의 관계를 맺어 왔다. 막상 보내려니 산 생명과의 별리처럼 가슴에 골을 판다. 나 또한 정년을 눈앞에 두고 있다. 떠남의 선상에 같이 선 것이다. 얄

궂은 인연에 시망스런 생각이 들지만 한 세대의 대물림이려니 하며 안위해 본다.

돌아보면 오랜 세월이었다. 서울은 한강을 끼고 있어 재난에 취약하다. 그 대비의 필요성이 고개를 들던 때, 철선이 한강에 배치되고 그게 나와 인연이 되었다.

모터보트와 고깃배가 고작이던 당시, 한강에서 고속의 동력을 갖춘 철선의 등장은 인기였다. 필요가 되는 곳이면 어디든 달려가 돕고 활기를 돋우었다. 뚝섬의 노천 수영장에서는 익사 예방 활동을 돕고, 잠실 제방 축조공사에서는 자재 수송을 맡았다. 홍수가 질 때면 난지도 농부들을 안전지대로 대피시켰고, 시민 우호와 봉사에 적극 지원해 성과를 높였다.

당시만 해도 한강의 경치가 괜찮았다. 잿빛이던 강 빛이 봄을 맞아 갈매 빛을 띠다가 여름부터 하늘과 하나가 되어 쪽빛 물결로 굽이 흘렀다. 배가 달리면 물살에 놀라 뛰어오른 물고기의 은빛 비늘이며, 뱃 소리에 놀라 자맥질을 멈추고 창공으로 치솟는 새들의 부드러운 날갯짓이 한 폭의 그림 같았다. 또 구름이 태양을 가리면 음영이 이는 강물에는 환상적인 문양이 연출되었다. 기기묘묘한 무늬가 물결에 비쳐 장관을 이루었다. 우리는 환호에 또 함성을 질렀다. 그 비단 무늬 물결 위로 신나게 뱃고동을 울려댔다.

그 맑던 한강이 건축 붐이 일면서 피폐해 지기 시작했다. 골재 수요의 충당을 위해 마구 파헤쳐 온전한 곳이 없었다. 강바닥에는 웅덩이가 늘어가고 큰 자갈더미가 무덤처럼 생겨나 물길을 막았다, 이에 더하여 늘어가는 폐수로 강물은 먹물 빛으로 변했고 웅덩이에 고인 물에서는 악취가 진동했고 독충까지 기생하여 그야말로 죽음의 강으로 변했다.

배는 달리고 달렸다. 한강을 살려 보려고 안간힘을 썼다. 광나루에서 난지도에 이르는 수역을 누비며, 수로 유지와 시설의 안전, 골재의 무단 채취와 오물 투기의 단속을 위해 달렸다. 그러나 어쩔 도리가 없었다.

강물은 썩고 물고기는 기형이 되고…. 보다 못한 시민들의 아우성과 더는 놓아 둘 수 없다고 판단한 당국은 대역사의 깃발을 꽂았다. 한강개발 사 년의 공사를 치르고 86년 9월 새로운 한강으로 태어났다.

넓은 강물에 유람선이 다니고 공원으로 꾸며 놓은 둔치에서 많은 시민이 여가를 즐긴다. 거듭난 한강에서 배의 활약은 더욱 두드러졌다. 어린이에게는 꿈과 희망을 주는 모험선이 되고, 시민에게는 철새 도래지 밤섬에서 새들의 관찰과 모이주기 활동을 돕는 탐조선이 되었다. 맑은 강을 위해 오물을 치우는 청소선도 되고 시설물 점검에는 안전선으로 활동을 했다. 쾌적한 한강의 유지를 위해 힘을 다했다.

그런 중에서도 88년 서울올림픽 개막식의 강상제를 어찌 제

쳐놓으랴. 세계인의 화합과 전진을 상징하는 용고선(북을 실은 유람선)을 선두로, 우리 배는 청룡 · 백호 · 천하태평의 선박으로 걸맞게 단장하여 그 뒤에 따르고, 다음에 평화의 상징 깃발을 단 4척과 후미에 오백 명의 합창단을 태운 대 선단으로 오색의 연막 속을 헤치며 잠실로 달려가던 강상 퍼레이드, 세계인의 시선을 모았던 그 축제를 보란 듯 해내지 않았던가.

그렇건만, 홍수가 질 때면 뿌리째 뽑힌 생나무가 마치 옛 격전장에서 성문을 부서뜨리는 기세처럼 떠밀리고 때리니 철선인들 온전할 수 있겠는가. 95년 홍수로 밤섬에서 수거한 쓰레기가 육백오십 톤에 달했던 것만 보더라도 철옹성인들 그 부닥뜨림에 당해 낼 수 있었겠는가.

폐물로 변해가는 배를 대하면서 연민의 정을 느꼈다. 마치 고삐에 끌려 한도 끝도 없이 가다가 그만 지쳐 무릎을 꿇고 어딘가를 바라보는 늙은 황소를 연상시켰다. 주인을 위해 결국 피를 흘리는 우직한 황소의 운명과 무엇이 다르겠는가.

배와 연을 맺어 한 올 한 올 추억을 쌓아오는 동안 어느새 내 머리털에도 서리가 내렸다. 나 또한 떠날 날짜를 꼽는 처지에서 황소에게 고삐를 죄듯, 배를 몰강스레 밧줄로 동여매 멀리 떠나보낸다. 나도 모르게 회한의 정에 젖는다. 이런 경우를, 여우 죽음에 토끼가 우는 격이라고 해야 하나. 아무튼 무상을 느낀다.

어쨌거나 낡은 것이니 물려야 한다. 새것을 위해 자리 내줌이 순리다. 새것과 연결 고리로 역할을 다 했으니 무슨 미련이 남겠는가. 한 때는 은빛 고기며 물새들과 벗 삼아 지냈고, 한강이 신음할 때는 치유를 위해 안간힘을 썼으며, 되살아난 한강에서 수상 이용 활성화에 힘을 다 했으니, 이에 무슨 바람이 있겠는가.

소임을 다하고 떠나가는 배가 내 모습만 같아 아쉬움이 남는다. ♥

산구절초

북한산에 오르면 자주 찾아가는 곳이 보국사의 절터다. 조선조 숙종 때 축성과 더불어 창건되었다가 전란 중에 소실된 곳이다. 빈터에는 이끼 낀 주춧돌과 무너진 석축만 남아 있다. 석축 아래로 고목이 숲을 이루어 꿩이 날아와 쉬기도 하고, 겁 많은 멧비둘기도 자주 찾는다. 산우들은, 이곳을 꿩 밭이라 이름 붙여 쉼터로 삼아 온지 여러 해다.

절기는 추분을 지나 도토리도 여무는 계절, 꿩 밭 가까운 능선에 경사가 났다. 애써 돌봐 온 풀꽃이 팥알만큼 크기의 꽃망울을 짓더니 마침내 꽃을 피워 냈다. 치열(齒列)보다도 흰 꽃잎에 앙증스런 노랑꽃술의 꽃부리가 꽃대 끝에서 살랑거린다. 양의 기가 겹친다는 중양절에 채취한다 하여 이름 지어진 구절초의 동속(同屬), 가는 잎의 산구절초다.

국화과의 다년생 야생 초본으로 가을꽃을 대표하는 이 풀꽃이 여기서 꽃을 피운 데는 사연이 있다. 삼 년 전 가을, 산우들과 마석을 지나 비금리를 거쳐 주금산에 올랐을 때다. 산 입구에서 만난 가을비가 좀처럼 그칠 낌새가 없어 산행을 단념하고 시루봉 아래 바위 곁에서 뒤에 쳐진 일행을 기다리는데, 바위 위에 한 그루 산구절초가 찬비에 젖고 있었다. 잎사귀는 퇴색했고, 꽃술에는 종자가 여물고 있었다. 가을비가 버거운 듯 꽃대를 저으며 서 있는 모습이 애처로워 보였다.

한 포기를 캐었다. 비닐봉투에 담아 친구의 배낭에 넣어 주었다. 그는 집 뜰 한 편에 채종밭을 꾸며 구절초를 가꿀 거라 했다. 이듬해 봄, 움이 돋고, 또 뿌리 마디에서 싹이 터, 뜰 안이 가득하다고 했다. 초여름 잘 자란 포기를 골라 배수 잘되고 양지바른 이 능선으로 옮겨 심은 것이다.

나는 낙엽으로 그것을 가려 주었다. 썩은 나무토막을 끌어다가 폐쇄된 등산로로 위장도 해 놓았다. 행여 등산화에 밟히지는 않을까, 벌레들의 해코지는 없을까, 주말이면 산행 길에 들러 살펴보고 수통의 물을 주어가며 지켰다. 마음을 써 온 보람인지 주금산 그 공주는 고대하던 예쁜 꽃을 피워 냈다.

열 분(盆) 남짓하던 모종에서 한 송이가 먼저 피어났다. 탄생을 대기하는 꽃망울에게 으스대기라도 하는 양, 실바람에 너울거리며 춤추고 있다. 사진에 담아 기념하려고 숨죽이고 다가섰

더니 찍히기가 수줍은지 살래살래 젓는다. 그 모습이 무척이나 귀엽다.

꽃술 위로 땅벌이 날아와 거친 자세로 먹이를 고른다. 꽃대의 흔들림이 거부의 의사로 알아 심통이 났는지, 날카로운 발로 꽃술을 헤집는다. 노란 꽃가루가 흰 꽃잎 위로 흩어진다. 자연의 섭리건만 벌의 탐욕이 과한 것 같아 밉살스럽다.

바람이 스밀 때마다 비단처럼 윤이 나는 하얀 꽃잎이 나비 짓을 짓는데, 우연히 목격한 것인지는 모르지만 스물 한 잎의 꽃잎이 한 잎 걸러 정교하게 아래로 숙여 다른 꽃의 모양을 이룬다. 그 동작이 신비하다. 무슨 뜻의 표현인 듯싶다. 무엇을 전하려는 걸까.

사람 손으로 가꾼 온실 속의 화초는 쉽사리 꽃을 피워 내지만, 홀로 서기를 해야 할 야생의 꽃은 어려운 환경에 대처해야 한다. 특히 비, 바람을 견뎌 내야 한다. 꽃대는 유연성과 탄력의 조화로 꺾이지 않고, 꽃잎은 바람의 통로를 열어 꽃부리가 꺾이는 손상을 피해야 한다. 그러니 그 동작은 생존을 위한 자구책이다.

이 풀꽃에게서 자혜와 슬기를 읽는다. 추운 때는 꽃대를 눕혀 낮추고, 더운 때는 꽃대를 세워 바람과 볕을 받는다. 가을에는 파란 하늘에 떠도는 구름처럼 하얀 꽃으로 나부끼어 보는 이들을 즐겁게 한다. 그리고 작은 벌레에게 양식이 되어 주고 썩어서는 초목의 자양분이 된다. 꺾여서 귀한 약재가 되는 이 풀이 부인 냉병, 위장병, 풍기를 다스리는 한방의 약재로 귀히 쓰인다. 그 때문에 이름도 구절초라 채취되는 숙명을 지녔지만, 종속의 맥을 잇대기 위한 슬기와 굳은 의지가 돋보인다.

자기의 허물까지도 남의 탓으로 돌리려는 인간 앞에 비록 풀꽃이라지만, 헌신적인 생존이다. 그래서 꽃말도 자애로운 '어머니의 사랑' 이라 불려온 것이리라.

오래지 않아 꿩 밭 이 능선에 후둥이가 줄지어 피어나리라. 주말 산행에 따라가지 못해 안달하는 딸애에게 사진에 담아 인심이나 써볼까 한다.

소꼬리 이야기

친구 중에 홀어머니 슬하에서 자란 외동아들이 있다. 그가 군에 입대를 했다. 남 앞에 주장이 드세고 너울가지가 부족해 과연, 병사들과 협조를 잘하며 규칙에 매인 생활을 제대로 해낼지 친구들은 걱정을 하였다. 그런데도 그는 무사히 훈련을 마치고 수도권 부대 헌병으로 보직되었다. 그의 어머니는 좋아했다.

반년 만에 첫 휴가를 나왔다. 검게 그을린 얼굴이 수척해 보였다. 모친은 그게 안쓰러워 정성껏 음식을 마련하고, "불편한 곳은 없더냐. 먹고 싶은 게 있으면 말하라" 며 끼니마다 상다리가 휘어지도록 잘 차려 주었다.

밥상 앞에서 이것저것, 챙겨 주는 어머니에게 그는, 이번에 부대로 들어가면 어머니를 언제 뵙게 될지 막막하다며 긴 한숨을 내쉬었다.

다음 휴가가 있지 않느냐고 어머니가 말하자, 그게 어려울 것 같다고 했다. 근무하기가 힘들고 하도 배가 고파 검문소 인근 목장에 넘어 들어가 잠자는 소의 꼬리를 잘라 삶아 먹었는데 그것이 들통 날 것 같다고 했다.

걱정스러워 바라보는 어머니에게 그는, 주인을 찾아가서 용서를 빌고 소꼬리 값과 약값을 물어 주면 해결될 거라고 했다. 이렇게 해서 어머니에게 돈을 타내고 두툼해진 주머니에 만족하며 귀대를 했다.

군인은 먹이고 재워 주며 봉급도 주는데 따로 무슨 용돈이 필요하겠느냐 하는 이가 있을지 모른다. 친구에게는 천부당만부당이다. 고향의 논밭을 도조로 받고, 집 사랑채는 세놓아 셋돈에, 그리고 출가한 누님이 생활비를 보태 주어, 두 식구 생활은 남부럽지 않다. 그는 가끔씩 괜찮은 식당에서 거나하게 먹고, 허세도 부려야 스트레스가 해소된다고 항상 말해 왔다. 그러니 그의 그런 버릇이 어디에 가겠는가. 용돈의 마련이 그에게는 늘 과제였다.

상등병이 되고 또 휴가를 받았다. 모친은 목장의 일이 더 궁금했다. 소의 일은 잘 해결됐느냐고 묻자 그는, 면목 없어 하는 표정으로, 꼬리 부위의 상처가 덧나 몸에 감염된 상태라고 했다. 수의사가 수술을 해서 소가 버티고 있는데, 치료비가 만만치 않아 변상할 일이 태산이라 했다. 며칠 전에도 돈을 더 내놓으라고 떼를 쓰기에 고발하든지 마음대로 하라고 소 주인과 다퉜다고 했다.

배고프면 어미에게 편지를 낼 일이지 성한 짐승을 망치냐며 힘없이 털썩 주저앉은 어머니에게 그는 엉너리를 부렸다. 자수하여 죄값을 치르면 된다고 했다. 형무소에서 살고 나와 전과자라고 전쟁터에 보내면 적진에 가서 싸우고 오면 될 일이라 했다.

당시 월남전은 치열하였다. 많은 전상자가 고국으로 후송되고 있다는 소문이 파다하던 때다. 전쟁터까지 각오하는 자식의 자포자기를 어느 어미가 넋 놓고 보고만 있겠는가. 돈다발을 또 내주었다.

얼마 후, 다시 휴가를 나왔다. 모친은 목장 일에 대해 일언반구 아무 것도 묻지 않았다. 그는 자진해서 입을 열었다. 소가 병이 깊어 죽게 되었다며, 주인이 소 값을 물고 데려가 삶아 먹든지 빨리 조치를 취하라며, 그렇게 하지 않으면 중대장이 책임져야 한다고 본부로 가서 농성이라도 하겠다고. 그래서 할 수 없이 각서를 써 주었다고 했다. 아무런 말없이 자식의 말을 듣던 모친은 '관세음보살' 하며 마루로 나가 먼 허공만 바라보더라고 했다.

이 이야기를 술자리에서 친구들 앞에 자랑처럼 말했다. 순수하게 용도를 밝히고 돈을 요구한다 해도 거절할 자당이 아니련만 친구는 엉뚱하게 가공의 소를 내세워 주작부언하여 그것을 빌미로 소의 치료비에 더 얹어 소 한 마리 값까지 타내 그 돈으로 호사를 부리며 군복무를 마쳤던 것이다.

물론 우매한 여담으로 웃고 넘길 일이다. 그래도 그가 꾸민 소행을 생각하면 긴 시간 고통으로 마음 졸였을 자당이 가엽다. 관세음의 기도가 가슴을 저리게 한다. 자식 허물이 당신 탓인 양 굴레를 쓰고, 몹쓸 자식을 위해 기원의 숱한 밤을 이슬로 몸을 적셨을 어머니의 모습이 떠오른다.

발단이 되었던 소꼬리를 어떻게 생각해 냈는지 그에게 물어보았다. 밥상에 오른 꼬리곰탕을 보고 둘러댔다고 했다. 이 말을 듣는 순간 내 어머니의 얼굴이 눈가에 어리었다.

입대해 첫 휴가를 나온 내가 안돼 보였던지 치마를 걷어 올리고 단속곳 속에서 손수건에 꼭꼭 접어 싼 돈을 꺼내 주며, "배곯지 말아라. 배고프면 계란이라도 사서 입 속에 털어 넣어라"던 어머니, 접히고 눌려 닳아 헤어질 것 같았던 그 돈은 몇 해를 모은 금쪽같은 돈이었으련만….

그 당시 나는 내심 적은 액수에 서운해 했었다. 그러나 되짚어 생각해 보면 그 시절 어머니에게 그 돈은 소 한 마리 값에 못지않을 큰돈이었을 것이다. 그저 부모면 자식에게 쌈짓돈 끌러 줌이 마땅한 줄로만 알았던 철없던 나. 소꼬리 장본인과 한 치다를 바가 뭐란 말인가.

고개를 넘을 때마다 떡, 다리, 팔을 하나씩 호랑이에게 빼앗기면서도 자식 걱정에 또 저승 고개를 넘어야하는 우리들의 어머니.

'부모 속에는 부처가 있고 자식 속에는 앙칼이 들어있다' 는 격언이 하나도 틀린 말이 아니다.

애증의 샘물

망상이 고개를 든다. 어찌하여 꼬리를 물어 대는 것일까. 산행 중에 들은 농담을 가지고 자가당착에 빠져 공상을 펼치던 일을 생각하니 웃음이 절로난다. 만사에 소양이 적은 탓이다. 멋 적게 웃고 만다.

얼마 전, 겨울 산을 오르고 있었다. 영천이라는 샘에 이르러 숨을 고르며 수통에 물 받을 차례를 기다리고 있었다.

수통에 물을 채우던 어느 분이, 많이 나오는 쪽은 건수이고 적은 쪽이 약수라며 한 마디 농을 한다. 이어 연세가 지긋한 노인이 오른편 물은 무병(無病), 왼편 물은 장수(長壽)의 효험이 있다고 한술을 더 뜬다.

영천은 쪽박으로 떠 마시던 옹달샘이었다. 언제부터인지 알 수 없으나 땅 속에 물탱크를 묻고 배수관을 설치해 놓았다. 두 개의 관으로 물이 흘러나와 물 받기에 편리한데 배수관 길이가 다른 까닭인지 흘러나오는 물의 양이 서로 달라 농담의 빌미가 된 것이다.

차례를 기다리던 이들은 흥미로운지 무병 수, 장수 수, 뇌까리며 나름대로 관을 선택해 물을 받는다. 샘물에 자신의 운명을 걸어보는 것도 유희의 한 방법일 것이다.

물을 수통에 채워 배낭에 넣고 생각해 보니 홍밋거리다. 자신의 선택으로 운명을, 또, 타의에 의해 미래의 명운이 정해질 수 있다는 생각이 재미있다. 나는 차례에 따라 장수 수가 선택되었다.

샘의 효험을 생각하며 산을 오르다가 나름대로 다른 의미를 찾아보았다. 머리에 떠오르는 샘 이름이 있다. 애천(愛泉)이다. 50년대 상영한 미국의 영화로 주제가가 유행한 때가 있어 나도 열심히 배웠던 기억이 있다. 오른편의 물을 '애천' 이라 정하자 왼편 것의 마땅한 이름이 떠오르지 않는다. 여러 이름을 궁리하다가 애천의 반대인 '증천(憎泉)' 이라 이름 붙이기로 했다.

愛와 憎을 놓고 어느 물을 선택할 것인지 기로에 서게 됐다. 미움보다 사랑에 친숙하고 우리는 사랑을 갈망하고 살아간다. 애천을 마음껏 마시고 모든 사람에게 천사가 되어 불행한 자들에게 사랑의 손길을 뻗어야지. 나를 멸시하거나 저주하는 자가 있어도 너그러이 용서해야지. 이쯤 되면 누구나 애천을 선택할 것이다.

미묘한 감정이 또 생긴다. 폭풍처럼 밀려드는 미움 앞에 버티고 설 자신이 없다. 분노의 저항 없이 무슨 수로 견디어 낸다는 말인가. 격하지도 않고 흥분도 안 하면서 어떻게 미움에 맞설 것인가. 어떻게 증오를 감싸 안을 수 있단 말인가. 나는 사랑을 받기만 원하는 자가 된다. 내면의 의식엔 이처럼 속물의 근성이 깔려 있다.

어른이 일컫던 장수 수를, 또 자의로 이름 지어 택한 증천을 담은 수통을 생각하며 산허리를 넘어 능선에 오른다. 이런 저런 어휘를 골라내며 또 다른 샘의 이름을 궁리하다 보니 '사느냐(生) 죽느냐(死)' 로까지 비약한다. 머리를 쓰며 지어 낸 이름이 내 속성과 결합하여 여전히 흑백 논리로 양분하는 이치적 사고(二値的思考)로 비약되고 있다. 그런 내가 놀라워 절충점을 찾고, 수평적인 점을 더듬어 본다.

옛 고사가 떠오른다. 옛날 중국 제나라에 혼기가 찬 딸이 있었다. 두 곳에서 혼담이 들어왔다. 추남이지만 집안이 넉넉한 동쪽에 사는 사내와, 미남인데 가난한 서쪽에 사는 사내였다. 부모는 딸에게 "동쪽 사내에게 시집을 가고 싶으면 왼손을, 서쪽 사내에게 가려거든 오른손을 들라."고 했다.

왼편 물, 오른편 물의 선택이라는 식이니 멋진 샘 이름의 선택이다. 딸은 양손을 모두 들었다. '東家食西家宿' 딸의 선택 또한 수평적이고 화쟁 차원의 명답이다.

또 이런 에피소드도 있다. 여인이 청혼을 해왔다. 사내가 놀라워 청혼의 이유를 묻자, 여인은 우리가 결혼하면 내 미모에 그대의 명석한 두뇌를 닮은 2세가 탄생할 것이라 하였다. 영국 근대극의 창시자, 버나드 쇼오와 미국의 무용가, 이사도라 던컨의 대화다.

오른쪽 물은 '명석' 왼쪽 물은 '미모' 라는 이름이 지어졌다. 두 샘물이 던컨의 방식으로 합성되었다. 미모와 명석의 결합, 이상적인 결합이 아닌가.

돌이켜보면 나는 '동가식서가숙' 의 선택과 같은 유익한 쪽에 편중하며 살아온 듯하다. 그러나 가당찮다. 어리석은 두뇌와 추한 용모의 결합이 우리들의 2세라고 답한 쇼오의 답변이 현실임을 안다.

산 정상에 올랐다. 윗바람을 피해 양지를 골라 자리를 잡고 앉았다. 확 트인 하늘에 흰 구름 한 조각이 흘러간다. 구름 뒤에 비를 머금은 먹구름을 또 생각하고 있었다.

잎을 떨어 내 듯

고등학교 동창회 자리다. 지난번 모임 때 옆자리에 앉아 아우의 이야기를 들려 주던 김 군이 보이지 않는다. 웬일인가 싶어 옆의 친구에게 물어보니 몇 주 전 지병인 당뇨병이 악화되어 유명을 달리했다고 한다. 무심했던 우정을 뉘우치게 하고, 애석한 마음에 온종일 침울했다.

불성실했던 아우 뒷바라지에 신물도 났으련만, 그 아우가 출감 후 새 삶을 찾아 사회 봉사 활동을 한다며 추켜세우던 그였다. 오죽했으면 자기 몸 간수도 못하고 아우의 옥바라지에 매달려 그 지경에 이르렀을까. 그런 생활이었으니 유족에게 남긴 것 또한 뭐 변변한 게 있겠는가.

하기야 난들 그와 다를 게 없다. 배움도 재주도 없고 경험으로 축적된 지혜도 없다. 수완 또한 미미하니 분명한 것은 오로지 먼 훗날 가위표로 지워질 호적의 이름 석 자 만이 고작이리라.

재산이 인생의 전부는 아니라고 하지만 돈마저 모으지 못했다. 자식들 자립에 힘이 되어 주고 연분을 찾아 짝도 맺어 주어야 하며, 몇 평 땅이라도 마련해 두면 부모 된 도리 다했다고 할 수 있으련만, 박봉에 근근이 살아온 형편이라 꿈같은 이야기다. 늦게나마 글쓰기에 매달리는데 변변한 글 한 편 남겨 보려는 노력이 한낱 헛된 꿈으로 남지 않기를 바랄 뿐이다.

사람의 평생을 돌아보면 여러 부류의 만남이 있다. 직업과 연관되어 만나는 사람도 있고, 생활과 관련하여 평생을 같이 살아가는 이웃도 있다. 그러나 대부분 생활 환경이 변하면서 멀어질 수 있다. 희생을 감수하면서 곁에서 힘이 되어 주는 가족에게 나는 무엇을 해 줄 수 있을까.

나무가 명년을 대비하기 위해 잎을 떨어 내듯 나도 노후를 대비해 신변을 정리해 두어야 한다. 그런 갈래에는 여럿이 있겠으나 우선 과거의 생활 기록인 사진 정리를 떠올려 본다. 몇 권의 사진첩을 열어 본다.

그을린 얼굴에 몸은 야위고 헐거운 군복에 굳은 표정, 병영 생활 모습이 담긴 것이 있다. 또 직장 동료, 친지와 벗들이 희희낙락하면서 폼을 재고 찍은 기념 사진이 보인다. 또, 자연물이 담긴 것이 있다. 풀꽃 사진을 철따라 엽서처럼 보내 준 선배가 있어 꾸며 놓은 사진첩이다. 산이 그립거나 일상이 권태로울 때 넘겨다보면 기분이 전환되는 것이다.

사진첩을 보니 이런저런 상념이 생긴다. 생사의 기로인 전선에서 잠시 휴식을 취하던 병사가 품속에서 사진 한 장을 꺼내 든다. 얼마 동안 들여다보고는 가슴 속에 다시 품는다. 병사에게 있어 그 사진 한 장은 위안 받을 수 있는 유일한 값진 보석이다.

나는 이따금 어릴 적에 대청마루 벽에 걸려 있던 액자에서 사진을 기억해 내려고 할 때가 있다. 기억이 희미한 것처럼 사진의 내용도 아련하다. 큰형 옆의 작은형 얼굴을 떠올리려는데 그 상이 희미하고 아른 거린다. 대신 아픈 기억이 형상으로 떠온다. 작은형은 사진에서가 아니라 북으로 끌려 간 생이별의 아픈 기억에서 살아나 슬픈 영상으로 떠온다.

이처럼 사진은 흘러간 강물이다. 기억에서만 남는 흔적이다. 그렇지만 이것들은 개개인의 감정에서 기인한다. 제아무리 값진 명화라 할지라도 감동을 수반하지 못하면 기억에서 조차 멀어진다. 결국 자신의 세대가 흘러가고 나면 사라지는 한낱 자취에 지나지 않는다. 굳이 그것을 남겨 가족들에게 부담감을 줄 필요가 있을까.

빛바랜 사진첩에서 자신의 행적을 정리해 두는 것은 자신만이 해야 할 일이다. 비록 인화지에는 담기지 않았더라도 마음

속에 곱게 간직된 기억이 영상화 될 때 그것만이 진정한 사진이다. 단 한 장이라도 인연을 같이 한 자에게 아름다운 추억으로 남겨 줄 수 있거나 아로새겨져 있다면 그것이 진정 남겨 둬야 할 사진이 아닐까.

잎을 떨어 내듯 나는 빛바랜 사진을 솎아 낸다.

풀꽃 산조散調

책장 속에 화첩(花帖) 두 권이 꽂혀 있다. 산에서 자생하는 야생화 사진에 이름표를 붙여 치장해 놓은 것이다. 아담한 것이 예쁘게 꾸며져 있어 책장도 한결 돋보인다. 심심할 때 꺼내 펼쳐 보면 기분이 좋아진다. 공부를 미루고 다가와 참견하는 딸애도 밉지 않다. 둘이 나란히 야생화 동산을 산책하는 느낌이다.

초봄, 북한산 무명의 샘 인근 바위에서 진눈에 묻힌 채 자생하는 풀을 보았다. 갈잎 덤불을 헤집고 피어난 둥그런 풀잎도 눈에 띄었다. 고사했어야 할 풀잎, 거무튀튀하게 색이 변했어야 할 풀들이 어찌하여 초록의 빛을 띠고 겨울 산의 파수병이 되어준 것인가. 혹한의 역경을 이기고 등산화에 밟히면서도 살아남은 자생력, 그 강인성에 감탄했다. 처녀치마, 노루발이라는, 이름도 예쁜 풀들이었다.

이들과 만남이 인연이 되어 산행을 하게 되고, 덤으로 체력도 단련하게 되었다. 일일이 꽃의 설명과 생태를 일깨워 준 ㄴ 선배와 동호인이 되어 주말 산행을 거르면 안달을 냈다. 꽃이 이내 시들어 보지 못할 것만 같아, 궂은날 무더워도 아랑곳하지 않고, 배낭을 챙겨 걸머지었다.

선배는 여러 꽃의 표정을 살펴보며 선별하여 사진을 찍는다. 바람이 인 때문이지만 수줍은 양 꽃대를 저어 찍히기를 거부하는 풀꽃, 그림엽서처럼 보내 준 사진이 시나브로 150여 장, 해서 만든 화첩이다. 정감과 우정이 배어 있고, 산을 옮겨온 것 같아 마음이 뿌듯하다. 쪽을 넘긴다.

봄에는 갈잎 속의 꽃 구슬 찾아 산을 돌았다. 희고, 노랗고, 보랏빛에 올망졸망 줄 대어 피어나는 제비꽃, 특히 노랑제비꽃은 별무리를 보는 것 같았다. 음지에서 잎보다 먼저 꽃이 피고 노루의 귀 털과 닮았다는 줄기의 털 때문에 이름 지어졌다는 노루귀, 연보라 꽃이 앙증맞은데 눈곱만한 수술이 깜찍하고 귀엽다. 한 송이씩 황색 꽃을 피우는 금 붓꽃, 펜촉 모양 꽃에 난초 같이 뻗은 잎과 어우러져 청초하다.

봄이 깊어져 갈 무렵, 바위틈에서 꽃피는 양지꽃, 화판이 쟁반처럼 둥글게 펴져 인상적이다. 민들레 꽃대의 키도 어림잡아 보고, 절터 울타리 가에 가 보니 산괴불주머니 꽃의 군락지다.

마치 노랑 천을 널어놓은 듯하다. 뿌리가 매운맛에 세신이라 불리는 족두리풀, 양산처럼 받친 잎 밑에서 홍자색 꽃이 웃고 있다. 병꽃나무 숲의 밑자락 그늘에서 각시붓꽃이 쪽빛 매무새로 고개를 내밀고 있다.

화목도 꽃이 만발한다. 고광나무, 노린재나무, 가막살나무, 이들은 잎과 꽃이 한데 어우러져 하늘거리며 실바람을 흘리고 있다.

어느덧 산간은 녹음이 깃들고, 꽃들은 경쟁이라도 하듯 줄 대어 만개 한다. 옥수수자루 같은 종자를 여는 천남성, 녹색 꽃의 흰빛 화문이 있어 수수하다. 죽은 소녀의 넋을 위로해 준다는 자주색의 엉겅퀴, 꽃 색깔도 열정적인데 잔가시가 있어 요염함을 더해 준다. 의아리 꽃의 넷 쏙 꽃잎이 꽃대에 앉은 나비 같다. 둥근 잎을 촘촘히 단 싸리의 홍보라 꽃이 산허리를 채워 간다. 비탈진 그늘 사이로 방울꽃을 달고 있는 둥굴레, 잎줄기를 뻗어 녹음 틈으로 자리한다.

우기에 몰라보게 자란 큰 풀들이 계곡을 덮었는데 그들과 겨루기를 하듯, 고개를 든 부처꽃이 붉게 하늘거린다. 노루오줌도 수수 빛 알갱이를 터뜨려 솜 다발 모양을 하고 있다. 팔랑개비처럼 도는 모양의 노랑 물레나물, 꽃 모양이 신기하다. 덩굴마디에 꽃이 피는 인동초, 흰색 노란색 꽃이 함께 피어 다정하다. 붉은 입술에 흰 밥알을 물고 있는 며느리밥풀꽃, 서러운 전설이 애절하고, 흑자 색 반점이 있는 참나리, 호랑나비를 꾀는 듯 주황색 꽃잎을 말고 있다. 기린초에 꼬마 벌레가 노란 꽃 향에 취해 수면에 빠져들고, 넝쿨별꽃, 금불초, 뱀무 등이 산간에 퍼져 있다.

며칠 새 내린 비에 큰까치수염이 흰 꽃의 꼬리를 내리며 풀숲을 덮는다. 산새투구가 남색 투구를 쓴 새 형상 같아 깜찍하다. 물봉선은 굽은 꼬리를 뒤로 숨긴 모양이 장난스럽다. 소복하고 통곡하는 여인 같은 구절초가 산마루에서 찬비에 떨고 있다. 큰 바위 그늘에서 둥지를 튼 새처럼 꽃망울을 품고 있던 남색 꽃의 용담, 이 두 송이와 만남을 마지막으로 꽃들은 점차 볕에 그을린 채 종자를 여물고 있다.

산에서 소나기를 만나 흠뻑 젖는 것도 개의치 않았다. 수통의 물이 비어 갈증에 허덕이던 때도 다반사였다. 산 향에 취해 오면가면 둘러보던 중, 북한산 골짜기에서 방울꽃 16개를 꽃대에 달고 있는 천마, 백운계곡에서 흰색, 노란색 꽃이 마주보고 핀 물봉선, 천마산 정상에서 성모인 듯, 보살인 듯, 우아하게 핀 산목련, 그들과의 만남은 감동이었다.

아무도 살펴 줌 없이 피고 이우는 풀꽃, 온갖 인고 끝에 소생하여 꽃을 피우고 종자를 맺고 이내 지고 마는 짧은 생이지만 비굴하지 않다.

썩혀 초목의 자양분이 되고, 잘려서 약초와 산채가 된다. 줄기나 뿌리는 작은 짐승의 먹이로 주며 잎은 벌레에게 배려한다. 꽃마저 벌에게 꿀을 주는, 그런 헌신의 실체이기에 꽃도 아름답게 피울 수 있는 것인가.

내 곁에서 꽃 사진을 보고 있는 딸애의 모습이 오늘따라 고와 보이는 것이 풀꽃에 감화된 때문이리라.

픽토그램

밀려드는 차량, 정체되어 있는 도로, 전철의 혜택을 톡톡히 본다. 목적지까지 소요되는 시간도 가늠할 수 있고, 좌석이 편하며 조명 또한 밝아서 좋다. 방향을 잃기 쉬운 지하철역 여러 곳에 표지판이 안내하고 있어 이용하는데 편리하다.

표지판이 없다면 지하철 이용이 얼마나 불편할까. 상 하행선 출구며 갈아타기의 번잡, 누군가의 도움 없이는 이용이 어려울 것이다. '타는 곳' 에서 타고 목적지에서 내려 '나가는 곳' 으로 가서 연계되는 '출구 번호' 를 골라 나오면 된다. 이런 번잡한 경로를 표지판이 안내한다.

표지판을 문자가 아닌 모양을 본떠 만든 게 있다. 소위 픽토그램(Picto Gram)이다. 남자, 여자의 형상을 색깔이나 이미지로 구분해 만든 공중화장실 안내판이 이에 속한다. 종합 경기장에서는 종목 별 경기장을 픽토그램이 안내한다. 운동하는 형상을 도안 제작하여 알아보기도 쉽다. 글이 통하지 않는 외국인도 공감할 수 있게 규격화하여 상용되고 있다.

지하철역과 같은 대중 시설, 문화시설에는 이처럼 픽토그램이 있어 용이한데 이런 제한된 곳을 벗어나면 대체로 표지판이 없다. 처음 가는 곳이면 눈썰미나 눈치로 선택해야 한다. 어느 방향인지 느낌으로 판단해야 한다. 과연 머리로 선택할 표지판은 이런 것뿐일까.

누구든지 내면에 소중히 간직된 픽토그램이 있다. 나는 어린 시절 '물가에 가지 마라. 불장난하지 마라. 차조심해라.…' 많은 경계 주문을 어머니에게 들었다. 경계 대상에 접근하거나 대하게 될 때면 어머니 얼굴이 떠오르곤 했다. 순간 멈칫하고 주저하게 되었다. 어머니 얼굴은 바른길로 안내하는 나의 내면에 픽토그램이었다. 규율이나 규범도 이와 다를 게 없다고 생각한다.

무형의 표지판을 헤아려 가다 보니 어느 해인가 귀가 길에 목격한 '외로운 노인과 천사' 의 모습이 떠오른다. 겨울날이었다. 전철역에서 표를 내고 계단을 내려가는데 노인이 차가운 바닥에 종이 상자를 깔고 엎드려 구걸하고 있다. 앞에는 작은 바구니에 동전 몇 닢이 담겨 있고, 노인은 그 동전에 명줄을 걸고 오가는 이들에게 자선을 갈망하고 있다.

내 앞으로 소녀와 신사가 손잡고 내려간다. 입학 전인 듯, 어린 소녀는 초롱초롱한 눈망울이 빛났다. 소녀는 그 노인 앞에 이르러 호기심에 찬 눈으로 바라본다. 그리고 신사에게 "저 할아버지 왜 저러고 있어?" 하고 묻는다. 신사는 웃음 띤 얼굴로 "외로운 노인이란다."라고 대답한다. 무엇인가 생각한 듯 머뭇거리던 소녀는 손바닥을 펴 신사에게 내민다. 신사는 돈을 꺼내 고사리 같은 손에 올려 논다. 소녀는 노인 곁으로 다가가 바구니에 담고 되돌아온다. 이 아름다운 광경을 지켜본 나는 그 감동을 '외로운 노인과 천사' 라는 제목으로 일기장에 적어 놓고 있다.

운동선수의 도상이 경기장의 픽토그램이 듯, 노인의 구걸 모습 또한 구원의 픽토그램이다. 신사의 따뜻한 심성과 소녀의 착한 마음씨가 이 픽토그램을 제대로 해석하고 베풂으로 실천했다고 생각한다.

나는 길을 걷다가 오물로 뒤섞인 화단을 보게 되면 앵벌이 아이가 떠오른다. 힘없는 어린이를 가둬 놓고 폭력으로 앵벌이를 종용한다고 한다. 또 거리에서 구걸하는 어린이를 보면 그 애의 부모를 생각하게 된다. 물론 어쩔 수 없는 딱한 사정이 자식을 저런 상황으로까지 몰아넣었겠지만 아직도 이 사회에서 어린이에 대한 어른의 역할은 보호와 사랑의 픽토그램이 아니겠는가.

유괴범을 덜렁 덜렁 따라가는 아이들 머릿 속에는 어른은 아이의 의지처요, 보호와 사랑의 근원이라는 믿음의 픽토그램이 내재화되어 있기 때문이 아닐까. 어른은 아이들에게 '사랑의 등불' 이라는 픽토그램이 되어 주어야 한다.

더 이상 그 믿음이 손상되지 않는 그런 사회가 되도록 내 자신 알찬 픽토그램을 만들어 실천하는데 힘써야 할 것이다.

제5부

어버이의 초상

30. 옛것이 좋은 걸
31. 바다 이야기
32. 능수버들
33. 게의 죽음
34. 산의 향기
35. 콩비지
36. 수호초(秀好草)
37.눈물

옛것이 좋은 걸

'TV 쇼 진품 명품' 의 프로를 시청한다. 우리 옛 문화 유산을 화면을 통해 보고 감상하는 것이지만 장인들의 슬기와 재능, 또 해학을 배운다. 아울러 지적 호기심도 해소한다.

아나운서의 재치 넘치는 진행과 출품된 명품의 가치를 이해하기 쉽도록 설명하는 전문 감정위원, 그리고 조목조목 따지며 가격을 추정하는 쇼 감정단의 재치와 묘미는 이 프로의 재미를 더해 준다. 어느 박물관에서 이보다 더 자세히 설명을 해 주며, 또 깊은 맛을 느끼게 해 주겠는가. 감정가격도 알 수 있어 만족스럽다.

특히 도자기를 대할 때는 긴장하게 한다. 별 것 아닌 듯 보이는 사발이 뜻밖의 높은 가격으로 감정되고, 선이나 모양, 빛깔이 뛰어난데도 낮은 가격으로 평가되는 것을 볼 수 있다. 내가 예측한 것과 빗나가 허탈하기도 하지만 이유를 듣고는 그렇구나 하며 수긍을 하게 된다.

빛깔이나 선, 문양이 고운 자기를 대할 때는 탐이 난다. 대개 찻잔은 청자 빛에 국화, 학 등의 문양을 상감 기법으로 처리하여 바탕색을 돋보여 준다. 또 백자의 익살스런 호랑이 그림, 고양이인지 호랑이인지 분간하기 어려운 그림을 볼 때는 웃음이 절로 난다. 해학과 순박함 그리고 천진난만한 도공의 슬기에 혀를 찬다. 한 점 소장하고 싶은 욕구가 솟구친다.

자기류는 기나 긴 세월을 한 가문과 맥을 같이하면서도 변함이 없으니 숭고미까지 더해진다. 서책들은 또 어떤가. 종이는 빛이 바래 갈색이 되고 함부로 다루면 바스러져 없어질 것 같은 상태에도 역사를 밝히는 시금석으로 손색없다. 오랜 세월 보전되어 진가를 발휘 하니 얼마나 값진 자료들인가.

병풍 · 동양화 · 장신구 · 목기 · 가구 하나하나에서 화가나 장인들의 지혜를 보게 된다. 아울러 선조들의 미의식이 얼마나 높았는지도 깨닫게 된다. 이런 유물들의 시대를 추정하고 지평적인 안목으로 가치를 따져 평가하기가 오죽이나 어려운 일이겠는가. 감정위원의 해박한 식견이 나를 감동시킨다.

오래 전 일이 생각난다. 고향에 다녀온 직원이 약솜으로 소중히 싼 마패를 가지고 와서 자랑한다. 말 다섯 필이 새겨진 오 마패였다. 새마을 사업의 일환으로 고향인 공주에서 도로 포장 공사를 하던 동생이 백마강에 모래를 파러 갔다가 모래 속에 묻혀 있는 것을 주워 왔다는 것이다.

마패는 임금의 명으로 상서원에서 발급한 암행어사의 신분증이다. 패에 새겨진 말의 수는 어사가 임의로 쓸 수 있는 말의 수효를 나타낸 것이고, 어사출또를 알릴 때 내보이는 증표다. 탐관오리를 숙청하고 단죄하던 암행어사에게는 적이 많았을 것이다. 강가에서 적을 만나 해를 당했거나 아니면 배 안에서 풍랑에 휩싸여 마패를 잃었을 거라 추정할 수 있다. 생각을 확대하다보니 진품이라는 믿음이 섰다. 전문가의 감정을 받아 보기로 하고 직원과 인사동으로 향했다.

옛 문화방송국 근처 사무실에서 감정 일을 하는 분을 만났다. 감정서를 받으려면 신청서를 쓰고 수수료를 내야 한다고 했다. 주저하는 우리 기색을 눈치 채고 마패를 보자고 한다. 솜을 벗기고 마패를 내 놓았다.

옛 유물의 진가는 전문가의 축적된 지식과 경험, 그리고 학술적 근거에 입각해 결정되는 것이다. 마패의 경우, 마패 이면에 새긴 자호와 발행일을 토대로 그 당시에 생산되던 광물의 목록을 참고로 해서, 즉 구리의 생산고와 어떤 종류인가를 따져 진품 여부를 밝히게 되는데 우리 마패는 그런 근거에 부합하지 못하는 모조품이라는 결과가 나왔다. 가짜를 들고 들떠 흥분해 있던 우리 모습이 우스웠다. 속이 상해 돌아오는 길에 직원과 대포 한 잔으로 허망한 마음을 달랬다.

여러 가지 진귀한 명품을 보고 나니 거실 벽에 걸려있는 두 점의 액자로 눈길이 간다. 역사적인 것은 아니더라도 아끼고 소중히 여기는 것이다. 처음 집을 장만했을 때 매부로부터 기념으로 받은 선물이다.

TV를 보다가 아들에게는 대나무, 딸에게는 난초그림의 액자를 물려주겠다고 했더니 아이들이 콧방귀를 뀐다. 순간 저 그림들을 들고 이 프로에 참가해 볼까 하는 치기가 발동한다. 만약 저 그림이 진품으로 판명된다면, 아이들의 표정은 어떨까. 웃음이 난다.

아니다. 그만 두련다. 물려줄 것도, 그럴 필요도 느끼지 않는다. 젊은 것들이 어찌 우리 옛것의 깊은 맛을 알 수 있겠는가.

거실 벽에서 나의 미숙한 정서 의식을 일깨워 주고, 나아가 정취에 젖게 해 준 그림들이 아닌가. 그림에 담긴 그 깊은 향을 오래 만끽하여 보련다.

바다 이야기

권태롭다. 어디론가 훌쩍 떠나고 싶다. 바다가 있는 곳이라면 더욱 좋겠다. 그곳도 동해라면 더할 나위 없으련만…. 눈을 감는다. 바다가 머릿속에 펼쳐진다.

언덕에 앉아 드넓은 바다를 바라본다. 구름에 음영이 깔리고 물안개 자욱한 어둑새벽, 찰싹찰싹 물소리가 맵다. 희고 검은 구름이 수평선에 걸려 있다. 차츰 붉은 장막을 둘러 신호를 보내는 구름, 그 편을 초조하게 응시한다. 만삭의 아내를 바라보는 지아비의 심정이 이런 것일까.

구름 막을 뚫고 태양이 알처럼 모습을 드러낸다. 온 몸이 홍분으로 전율한다. 저 태양이 온 누리 어둠을 밝히고, 덕택에 우리 문화가, 아니 우리 사회가 이루어졌다. 숨을 고르고 합장을 한다. 광채 찬란한 태양! 이 한마디 탄성에서 욕망이 밀려오고 이내 기도가 된다.

햇살이 수면에 반사된다. 출렁이는 물결은 세 겹, 네 겹, 파도를 치고 끝자락에 하얀 포말로 밀려와 모래를 밀어 낸다. 춤추는 바다, 하얀 포말, 흰 띠를 두른 모래 언덕, 이런 것들이 어우러져 한 폭의 그림이 된다. 수채화 같이 멋진 전경에 넋을 놓고 바라본다.

모래를 밟는다. 보드라운 감촉, 한동안 걷는다. 풍랑으로 파도로 대륙의 한 조각 흙덩이를 밀고 깎으며 영겁의 세월을 두고 일궈 낸 자연의 보고. 인류는 모래에 손을 댄다. 시멘트와 혼합하여 교량을 만들고 집도 지어 그 속에서 생활한다. 또, 모래는 화학 성분이 규소다. 과학자는 모래를 통신 공학에 이용한다. 반도체 속을 흘러 통신을 가능하게 하는 것은 전자지만, 전자 바탕이 규소다. 나는 모래 언덕에 벌렁 누워 하늘을 본다. 마음은 어느 결에 네트워크, 날개를 펴고 어디론가 날아간다.

멀지 않은 암벽 위로, 밤바다에 불을 밝혀 주는 길잡이 등대가 보인다. 소외와 고독의 여운을 지니며 바다 편에 서서 존재하는 달맞이꽃이지만, 지친 나그네새의 포근한 둥지도 된다. 잠시 소외와 고독이란 어휘를 되뇌다가 어렴풋이나마 연상되는 단어 하나를 집어낸다. 묵묵히 길을 밝혀 뭇 생명을 보호하고 포옹하는 넓고 깊은 사랑, 이런 의미를 포괄하는 언어기호가 등대인 것을 터득한다.

내게는 이 같은 바다의 이미지가 미적으로 각인되어 있다. 권태감이 일 때면 그 욕망은 동해를 떠올리며 동경하게 된다. 그러나 멀리 있는 동해 여행이 그리 쉬운 일인가. 꿩 대신 닭이라고 육로로 반나절이면 돌아올 수 있는 서해의 섬, 영흥도로 달린다.

장절리 해안에서 잠시 머물다가 낙조의 장관을 지켜보기로 하고 십리포 해변으로 자리를 옮긴다. 소나무 숲의 벤치로 가서 앉으려는데 악취가 해풍을 타고 날아 와 코끝을 자극한다. 홍수가 지면 강에서 밀린 쓰레기가 바다로 밀려들고, 선박 사고로 유출된 기름이 바다를 오염시킨다. 설상가상 지구 온난화로 수온까지 높아져 부영양화를 가중시킨다. 이 같은 보도를 누누이 들어오던 차에 더하여 피서 철에 몰래 버린 쓰레기까지 해안을 가세하고 있구나 하는 생각이 미치니 화가 난다. 훼손되는 바다 환경에 어쩔 도리 없이 손을 놓고 바라봐야 하는 무지, 그 한계가 마음을 답답하게 한다.

근간에 사회의 이슈로 '바다 이야기' 가 등장하였다. 신문기사의 표제만 훑어보고 바다를 보호하려는 캠페인인 줄 알았다. 그런데 알고 보니 사행성 성인 오락의 이름이라 한다. 기계화면에 해양 생물이 그려져 있고 그것을 낚아 경품용 상품권으로 타내고 다시 돈과 교환하는 도박이, 바다 이야기라 한다.

인간은 유희를 선호하기 마련이다. 일상이 권태로우면 그

욕망은 유희를 찾게 되고 그것이 문화가 된다. 그렇기에 문화로 이어지는 유희는 건전해야 한다. 스포츠 · 음악 · 게임 등, 양질의 유희가 얼마나 많은가. 그러나 경륜, 경마, 복권, 카지노와 같은 사행성 유희가 문화 사업의 이름으로 판을 친다.

이런 현상은 어찌 보면 바다의 실태와도 같다. 각종 오염원이 밀려들어 바다 생물을 위협하며, 바다에다 생계를 걸고 살아가는 어부들을 울리고 있다. 사회 환경도 사행성 유혹에 말려 많은 이들이 나락으로 침몰하고 있다. 그 덫에 걸려 가산을 탕진하고 가정 파탄에 심지어 자살로까지 가고 있으니 피폐해진 우리 사회를 어찌 치유해야할 것인가. 잘못된 정책과 무책임한 대책이 서민들을 우롱하고 있으니….

나는 바다를 사랑한다. 삼면을 바다로 하여 살아가는 우리에게 수산자원 또한 보고려니와 그 풍경의 감상은 내게는 유희의 대상이다. 비린 듯 풍겨 나오는 바다에서 은밀하게 들려 주는 이야기에 귀 기울이며 살고 싶다.

그러나 요즘 '바다 이야기' 로 바다의 정서, 그마저 오염되고 있다.

능수버들

능수버들 한 그루가 미풍을 흘리며 서 있다. 봄을 보내며 잎이 풍성해진 가지 위로 까치 한 마리가 날아와 앉는다. 바람을 타서 거들거리는 가지의 동작이 싱거운지 이내 하늘로 솟는다.

사무실 옥상에서 바라보는 이 나무는 왠지 애잔하다. 오동나무 가죽나무 틈새에서 의초로이 키 재기를 하며 울타리 구실을 하는 모습이 애절하기까지 하다. 산에서는 산과, 호수나 강가에서는 물과 잘 어우러지고, 도시에서는 가로와 조화를 이루는 나무가 있다는 생각이 든다. 그런 느낌 때문인지 이 수종을 도시 나무로는 적당하지 않다고 말하는 사람도 있다.

한 울타리 안에서 늘 봐 오면서도 오늘처럼 부스스한 가지가 눈에 밟힐 때면 여러 생각이 난다. 가지에 연이 걸려 빈 얼레에

실을 감으며 허탈해하던 어릴 적 기억이며, 또 실개천 가에서 물이 오른 가지를 골라 만들어 불던 피리도 생각난다. 한 움큼 만들어 주머니에 넣고 골라 가면서 양 손바닥을 겹치고 펴며 음정을 조절해 불면, 그 음향은 봄을 알리는 의식인 양 날개를 펴던, 어릴 적 그 시절이 떠오른다.

그러나 더러는 이 나무의 외모를 서럽다고들 한다. 오죽했으면 선조들 중에는 상을 당해 머리를 풀어 헤친 여인의 모습을 닮았다고 울안에 심기를 꺼려했다지 않던가. 또 서양에서도 위핑 윌로우(weeping willow)라는 표현으로 불린다고도 한다.

하지만 나는 이 나무가 좋다. 불경(佛經)에 양지정수공양(楊枝淨水供養)이란 어휘도 있지 않은가. 다시 말해 오탁(五濁)에 물들지 않은 버들가지에 맺힌 성스러운 이슬로 공양한다는 이 의미가 마음을 끈다. 독성 없는 재질의 순수성이 맑은 정수를, 머리를 풀어 헤친 여인 같은 형상이 오히려 감로수 채집을 용이하게 했을 거라는 확신을 가지게 한다. 또, 학명도 라틴어의 셀릭스(salix)로서 sal은 가깝다는 뜻이라 하고 lis는 물이라는 뜻의 합성어라 하니 물과 인연이 많은 나무, 그 어휘가 마음에 와 닿는다.

그리고 이 나무의 가지를 선조들은 인정간의 가교로, 이별의 신표(信標)로 삼았다는 점이 정감을 준다. 이런 시조도 있다. 조선조 선조 때 함경도 경성 땅에 홍랑이라는 기생이 있었다. 그녀는 북해 평사로 있던, 호를 고죽이라 하는 최경창과 남달리 가깝게 지냈다. 이듬해, 고죽이 부임지를 떠나게 되자 그녀는 이별의 아쉬움을 안고 영흥까지 배웅을 하고 돌아오는 함관령에서 자기의 처지처럼 애련해 보이는 버들가지를 꺾어 들고 시를 읊었다.

묏 버들 가려 꺾어 보내노라 임에게
자시는 창밖에 심어 두고 보소서
밤비에 새 잎 곳 나거든 나인가 여기소서.

이 시조를 대하는 고죽을 헤아려 본다. 잎을 보며 그녀의 눈썹을 보는 듯, 가지를 보며 그녀의 허리를 감아 안는 환상에 젖었으리라. 버들가지가 재회의 염원을 담아 위로와 정을 주었으니 이 또한 감명을 준다.

뿐만 아니다. 이 나무는 목재로써 독성이 없다. 도마, 젓가락으로 우리들의 생활에 기여해 왔다. 잎과 줄기와 수피는 치통 · 지혈 · 황달 · 이뇨의 건재가 되고, 더구나 인류가 만든 약 중에서 가장 위대한 업적이라 하는 아스피린의 원료가 이 나무의 뿌리에서 추출된다고 한다. 하나도 버릴 게 없어 널리 쓰임이 두루두루 고마운 수종이다.

그런데 근년에 와서 수난을 당한다. 몇 년 전이었다. 늘어진 가지가 주차를 방해한다고 넓적다리 굵기의 밑줄기가 잘렸다. 겨우 새가지가 늘어져 제 모습으로 갖춰 가는가 싶었는데, 이번에는 화분이 공해라며 원성들이다. 지난 5월 초순경, 언제 피었는지도 모르게 꽃을 피우고 이내 이울더니 종자 옮기기에 부산을 떤다. 꽃에 붙은 종모가 바람에 날려 뜰 안을 가득 채우고 사무실 창틈으로 새어들어 책상 위를 떠다닌다. 직원들은 짜증을 낸다. "공해야. 잘라 버려야 해." 이구동성으로 모난 소리를 해 댄다.

한 때는 가로변이 숲처럼 울창하게 하여 시골 정취를 느끼게 해 주던 이 나무를 어느 결에 사람들은 외면해 버린다. 가로수로 있던 자리에 버즘나무, 은행나무가 대체 됐다. 종족 번식의 수단인 이 나무의 종모가 꽃가루가 아님에도 알레르기를 유발시킨다는 오해로 겪는 시련이다.

어떤 나무에게도 못지않을 우수한 수종으로 우리에게 많은 것을 이바지한 능수버들이다. 세찬 바람이 불어도 꺾이지 않는 부드러운 가지, 그 성품으로 하여 신성한 감로수와 인연이 됐고, 이별의 신표로도 쓰여 왔던 그 덕성은 접어두고라도, 한국의 특산으로서, 초록빛 봄소식을 제일 먼저 알려 서정을 느끼게 해 주고, 마지막에 조락하는 나무로 남아 인고의 정신까지도 일깨워 주던 이 나무가 사람들에게 밀려 줄어만 간다. 도시민의 이기와 편견으로 정서가 변한 때문이리라.

앞마당에 능수버들이 처연해 보인다.

게의 죽음

엎어지면 코 닿을 곳, 하왕십리동에 마음을 두도 산다. 어찌 떠났건 고향인데 어떻게 잊을 수 있으랴. 죽마고우와 만나는 기쁨도 크지만 그들과 끝없이 이어지는 정담이 즐거움을 준다. 양파 껍질처럼 벗기고 벗겨도 끝없이 이어지는 추억들, 해서 주말 산행을 마치면 그곳으로 달려간다.

전 경찰병원 앞의 다방 수족관에서 서식하던 게가 있었다. 꼬리를 휘젓고 다니는 금붕어 곁에 두 마리 황토 빛 게가 느릿한 동작으로 수초 밑을 어정대고 있었다. 한 마리는 한쪽의 집게발을 잃은 불구였다. 고옥을 헐고 흙을 파내던 포클레인 기사가 질척한 흙탕에서 꿈틀대는 것을 잡아 수족관에 넣어 준 것이라 한다.

놀라웠다. 예전에 행상이 새끼줄에 오가재비로 해서 팔던는 게가 아닌가. 게장으로 조리되어 밥상에 오르던 것이다. 열악해진 서식 조건 탓에 희귀해진지 오래이니 얼마 만에 보는 놈인가. 헐린 집 부엌에서 조리 중에 줄행랑친 놈일 리도 없고, 먼 개천에서 물길 따라 기어왔을 리도 만무다. 집터 땅 속에서 나온 것이라고 하니 분명 매립된 못(池), 지하 깊은 진펄에 묻혀 살았을 것에 틀림없다. 뜻밖의 유물의 발견인 양, 반갑기 그지없다.

농지요 들판이던 그곳이 주택지로 변한지 사십 년 세월이 더 넘었다. 서울이라고는 하지만 변두리, 푸성귀 밭 주변에 연못이 세 곳이나 있었다. 하루에도 몇 차례씩 달려가 놀았던 어린 날의 나의 놀이터였다.

못에는 미나리가 심어져 있기도 했고 개구리밥만 푸르게 덮여 있던 때도 있다. 도랑에서 버들치며 미꾸라지를 잡다가 거머리에 장딴지를 물려 피를 흘리기도 했고, 왕잠자리를 쫓다가 못둑에 미끄러져 옷을 적시고 어머니께 꾸중을 들었던 적도 있다.

큰못에는 수렁이 있어 빠지면 빨려 들어 죽는다는 공포심 때문에 가에서만 놀고, 작은 못은 양어장이던 탓에 언저리에서 잠자리만 못살게 굴었다. 주위로 포플러 나무가 있어 나무에서 우는 매미를 쫓다가 가지 사이로 뵈는 파란 하늘에 이끌려 한동안 넋을 놓은 때도 있다. 그럴 때면 달가닥거리며 달리던 기동차 소리에 정신을 차렸다. 해질 녘, 집으로 돌아오며 잡은 물고기를 실개천에 풀어 주면 쏜살같이 달아나는 모습에 즐거워 했다.

바로 그 곳이 게의 고향이기도 하다. 내가 못에서 첨벙거렸을 때 게들은 구멍을 넘나들며 술래가 됐을 터이고, 푸른 하늘에 넋을 잃었을 때, 못에 비친 창공을 누에고치 같은 눈으로 덩달아 보았을 것이다. 그러니 게는 벗이고 술래며 어쩌면 나의 유년의 모습이기도 하다.

그곳 농토가 검은 색깔로 변해가고 주민들 삶의 모양새도 달라지면서 못은 매립되어 가옥 단지로 개간되었다. 한옥이 헐리고 또 양옥, 그리고 지금은 그 자리에 성당이 들어서서 하나님을 경배한다. 건물의 밑바닥, 땅 속에서 게들은 서식 이동이 차단된 채, 껍질 벗음을 거듭하며 거품 또한 수없이 뿜으며 생명을 이어 왔으리라. 고향을 잃은 애옥살이, 어두운 감옥살이의 그런 여한을 씹으면서 자자손손 대를 이어 살았으리라.

그래서 수족관의 두 마리 게는 그런 한 때문에, 애향의 색, 콘크리트의 반항 색깔인 황토를 몸빛으로 고수한 채, 수초 속을 헤집으며 고향 길을 찾고 있었던 것이 아닐까.

그 후 틈만 나면 귀가를 미루고 다방으로 달려가 게들을 보며 추억을 떠올리고 또 씁쓸해 하기도 했다. 수족관 채광에 눈이 부셔 수초 밑을 배회하는 모습, 다리를 끌며 옆으로 기는 불편한 동작, 외쪽 집게의 부자유한 행동을 보면서 문명의 이기, 환경을 탓해 보기도 하였다.

그런 게가 그만 죽었다. 다방 주인 말에 의하면 한 놈이 시름시름 하다가 죽고 다음 날 아침에 보니 다른 한 놈도 수족관을 기어 나와 시멘트 바닥에 떨어져 있더라고 한다.

그렇지 않아도 며칠 전, 꿈에 한 놈이 수양버들 잎을 물고 대롱대롱 매달려 있고 또 한 놈이 그 밑에서 바라보고 있어, 전에 약수동의 강 노인 댁에서 보았던, 난초 잎을 물고 있는 게 그림이 각인되어 그 동양화가 꿈으로 전이된 것이려니 싶었는데.

순간, 신문에서 읽었던 기사 한 토막이 생각났다. 어느 노인이 병든 아내 치료를 위해 농촌에서 도시로 옮겨 와 아파트에서 거처한다. 깨끗하고 편리해 생활의 불편은 없으나 흙 속에 묻혀 살아온 노인에게 좋은 것만은 아니었다. 눈이 맵고 가슴은 울렁거려 견딜 수가 없었다. 그러다가 노인의 지극 정성에도 불구하고 아내가 이승을 떠난다. 노인은 며칠 후 고층에서 몸을 던져 아내의 뒤를 따라갔다.

게가 수족관에서 두 달을 살았다고 한다. 인위적이고 불합리한 환경에서 그만큼 연명할 수 있었음은 서로를 의지하는 사랑의 힘 때문이 아니었을까. 게의 죽음이 우연한 사고라 하더라도 나는 종사(從死)한 것이라 믿고 싶다.

그 후 다방을 찾아가면 수족관을 살펴보다 당황하기도 한다. 빈 자리가 허탈한 여운을 준다. 비록 미물일지라도, 죽음으로써 사랑을 승화시킨 것이라 생각하니 예사롭지 않고 귀하게 여겨진다.

산의 향기

산이 더없이 고운 빛깔을 지닌 5월이다. 메말랐던 겨울 산이 때깔을 벗고 연초록 빛깔로 단장하는 봄은 생동감을 준다. 옷깃에 스치는 바람이나 모습을 드러낸 나뭇잎, 그리고 모든 꽃이 하나가 된다. 산과 어우러져 싱그러운 향기를 준다.

일요일, 북한산의 산행을 접고 친구와 죽이 맞아 달려온 천마산이다. 서울과 근거리에 있으면서도 북방계 식물이 분포하고 있어 운이 좋으면 보기 어려운 야생화도 볼 수 있다. 길섶을 살펴가며 발길을 옮긴다.

정상 바위 아래에서 우아하게 꽃핀 산목련은 개화 시기가 일러 기대할 수 없더라도 암벽 틈에서 솟아 나오는 샘물 한 모금 마시며 머물다 오려는 심정으로 잣나무 숲을 지나 돌핀 샘을 향한다.

남색 꽃이 눈에 띈다. 아기의 손을 닮은 둥근 잎사귀와 고깔 모양의 꽃이 짝을 지며 피어 있다. 잎 면에 점이 있고 일반의 현호색 보다 꽃의 색깔이 짙은 이 야생초는 '점현호색' 이라고 불리는 이 산의 특종식물이다. 그 옆으로 줄기를 꺾으면 진물이 나와 이름 지어진 '피나물' 도 있다. 다섯 장 잎 사이로 올라온 꽃대에서 탐스런 노랑꽃이 피어 있다. 이런 꽃들을 대하다 보니 신바람에 걸음도 가볍다.

나물 캐는 할머니가 개울로 온다. 개울가에서 잠시 쉬며 점심을 드실 참이라고 한다. 새벽부터 캐었다는 나물이 망태기 안에 가득하다. 취나물 향이 신선하게 풍겨와 후각을 자극한다.

향기는 신비하다. 흙과 낙엽, 나무와 풀, 꽃이 분사하여 뒤섞인 냄새는 오묘한 향을 지녔다. 진하게 풍겨 오다가 또 엷게 그리고 다른 향으로 변해 번져 온다. 이런 산 향기를 무엇이라고 표현하면 좋을까. 비유 말고는 말로 나타낼 재주가 없다. 옛 선비들은 난초 향을 그윽한 향기(幽香), 매화 향은 어둠 속에서 감도는 향기(暗香), 모란 향은 이상야릇이 좋은 향기(異香)라고 표현했다. 그렇다면 이들의 향기보다 더 다양한 산의 향기를 에둘러 표현하자면 혼합향이라고 해야 할까. 그저 코를 벌름거려도 보고 코끝을 대어도 본다. 같은 조건에서 자생하는 식물이지만 특유의 향을 지닌 신비가 놀랍다.

북향 음지로 철 늦은 꽃들도 눈에 띈다. 피나물 군락을 지나며 자줏빛 꽃을 접한다. 다 자란 잎에 얼룩진다고 해서 이름 지어진 '얼레지' 이다. 고개 숙인 여섯 꽃잎에서 혀를 내민 듯 매달린 꽃술이 귀엽다. 이 꽃의 관상을 기대하고 몇 차례 이 산에 온 적이 있었지만 시기를 잘못짚어 접할 수 없었다. 이참에 주로 다니는 북한산으로 옮겨 심고 싶어 친구의 의중을 떠보았다. 꽃대 밑의 비늘줄기가 예민하여 캐내다 보면 줄기가 다친다며 만류한다. 비늘줄기가 얼레지의 보신책이 된 셈이다.

돌핀 샘을 향해 오를 때는 숨을 마시기(吸氣)보다는 내쉬기(呼氣)를 더하면서도 쉽게 취했던 산 향이다. 어찌 된 일인지, 샘을 뒤로 하고 하산하면서 내쉬기 보다는 마시기를 더하는데 향기는 맡을 수 없다. 이상하다. 피나물에 코를 대보고 얼레지, 노루귀, 심지어 나뭇잎까지 냄새를 맡아본다. 매한가지, 가득 차 있던 이 산의 향기들은 어디로 사라진 것인가.

돌핀 샘에 당도하자 샘물로 갈증을 풀고 간단히 요기를 했다. 그리고 담배를 피웠다. 그렇다. 산의 향기를 쫓아낸 그 주범은 흡연이었다. 코에 배인 니코틴의 독한 냄새가 자연의 향을 막았던 것이다.

감각기관에서 후각은 가장 직접적이다. 냄새 분자를 비강 점막에 흡수하면 섬모라는 수용기 세포로 하여금 뇌의 후각 중추에 자극을 보내 비로소 냄새가 식별된다고 한다. 비강 점막에서 니코틴의 독한 냄새가 초잠식지(稍蠶食之)하듯, 산의 냄새

분자 전달을 차단 한 것이다. 담배라는 놈이 후각기를 독점하고 만 것이다.

사람마다 기호가 같을 수 없다. 담배가 건강에 치명적이라는 말을 수 없이 들으면서도 나는 금연을 못한다. 밖으로 쫓겨나 흡연하기도 일쑤다. 어떤 때는 책상 앞에 앉아 글 한편 써 보려고 애써 보지만 문맥은 끊기고 상련이 안 된다. 이럴 때 손은 담배 쪽을 더듬게 되고 한 대 꺼내 입에 물면 막혔던 마음이 뚫리고 글의 줄기가 잡힌다.

끽연을 비아냥대는 친구가 있다. 이에 불편해진 심기를 이런 저런 핑계로 합리화하기도 한다. 우선은 군가를 뇌까린다. '전우와 나누어 피던 화랑 담배 연기 속에…' 또, '금연이라는 두 글자를 볼 때면 무슨 송충이나 독사를 본 것 같이 소름이 끼친다. 나에게 있어 실로 애연기를 빼놓고는 내 자서전은 백지와 다름없다-.' 애연소서(愛煙小敍) 공초의 수필이다.

담배가 이처럼 후각에 장애를 준 것처럼, 또 다른 요인이 감각기관에도 방해를 주지 않는다고 할 수 없다. 적어도 과욕과 풍요에 젖어 매사에 절제를 게을리 하고 있는 게 현실이고 보면 감각기관은 자유로울 수가 없다. 과욕은 시각과 청각에, 풍요는 미각과 촉각을 자극해 감각기의 장애를 준다고 하지 않던가. 건강하게 살자고 입에 발린 말을 하지만 후각기의 관리하나도 못하니 자신이 부끄럽다.

어쨌거나, 나는 산 향기가 좋다. ♥

콩비지

서둘러 출근하다 보니 아침 식사를 거르는 때가 있다. 중식 시간은 아직 남았는데 1층 식당에서 조리하는 반찬 냄새가 위를 자극한다. 남보다 이르게 식당으로 들어서서 식탁에 앉는다. 하얀 비지에 김치를 잘게 썰어 넣고 조리한 비지찌개가 오늘의 주 메뉴다.

콩은 우리에게 고마운 작물이다. 콩깍지나 잎은 가축의 먹이가 되고, 단백질이 풍부한 콩은 질 좋은 식 문화를 제공한다. 콩밥은 맛과 영양을 주고, 콩가루는 떡의 고물이 된다. 찹쌀가루와 혼합하면 미숫가루가 되어 음료의 내용물이 된다. 또한 메주는 장의 주원료이며 청국장은 질병 예방과 건강에도 증진한다.

콩에는 이소플라본 등의 항암성분이 들어있어 유방암 전립선암 예방에 좋고, 콩의 레시틴 성분은 뇌를 활발하게 움직이게 하여 머리를 좋아지게 한다. 식용유를 비롯해 비닐까지 제공하여 가정생활에 크게 도움을 준다.

콩을 물에 불려 메로 갈고 베로 싸서 콩 젖을 짜 두부를 만들면 남는 부산물이 비지이다. 두부는 콩 젖의 끈기로 해서 사각의 세련된 모양을 지니지만, 끈기가 없는 비지는 모양을 갖출 수 없다. 예전에는 두부를 만들면서 콩 젖을 덜 짜내 우정 비지를 만들어 이웃들과 나누어 먹었다. 요즘엔 두부를 기계로 만들면서 부산물을 남기지 않아 일부러 통째로 콩비지를 만들어서 판다고 한다.

두부처럼 콩의 영양분을 그대로 지닐 리 없더라도 재강에 술맛이 남아 있듯, 비지에도 콩의 구수한 맛은 남는다. 예전에 반찬가게에서 주먹밥 같이 후하게 뭉쳐 팔던 가식 없는 형태가 순박한 느낌으로 다가온다. 두부가 질을 추구한다면 비지는 어쩔 수 없이 양에 매인 음식이다.

한 술 떠서 입안에 넣는다. 콩비지를 유난히 좋아하던 아버지의 모습이 떠오른다.

해가 기울고 눈발은 세찬데 놀러 나가신 아버지는 평소 때보다 귀가가 늦는다. 어머니는 마을 뒤편 밭에 새로 지은 움에 가서 아버지를 모셔 오라고 한다. 겨울철이 되면 마을 어른들이 채소를 뽑은 빈 밭에 한 길만큼 땅을 파고 이엉으로 지붕을 덮어 크게 방을 만든다. 마치 선사 유적지의 주거지 형태와 흡사

한 구조의 마을 회관이다. 어른들은 둘러앉아 마을의 대소 경사를 의논하고 노변담화도 하며 추렴을 하여 회식을 베풀기도 한다. 또, 돌아가며 집에서 내오는 음식으로 조촐한 잔치도 연다.

아버지는 친구와 머리가 하얗게 쉰 할머니가 배달해 온 술을 자시고 계셨다. 시장한 탓인지 탁주 한 사발을 단숨에 드시고 안주로 비지찌개를 한 술 떠서 자신다. 그런데 쩔쩔매신다. 뜨거웠던 것이다. 뱉어 내면 될 것을 끝내 삼킨다. 뭐가 그리도 아까운 음식이라고 입천장을 데어가며 까지 잡수셔야 한 것일까. 어린 날 내 눈에 비쳤던 아버지의 멋없는 모습이 연민의 정이 되어 가슴을 누른다.

'비지 먹은 배는 연약과도 싫다고 한다.' 는 말이 있다. 가난하던 시절에 생긴 말이다. 비지를 맛으로나 질에서 어찌 연약과에 비길 수 있겠는가. 비지가 값싼 음식으로 위에 포만감을 주어 서민들의 허기를 채워 주던 음식이라면, 연약과는 혀끝에 미감을 주는 부자들의 간식이다. 먹고 먹어도 늘 배가 고팠던 그 시절, 가난한 서민들이 어찌 미감을 탐할 수 있었겠는가. 하찮은 음식일망정 소중히 여기고 배를 불릴 수만 있으면 하는 순박한 바람, 생명을 보전하려는 참담함이 아이러니하게도 비지를 더 나은 음식인 양, 미각에 경계를 두었던 것이리라.

이러구러 좋은 세상 만나 음식이 넘쳐나고 있다. 피자 햄버거로 길들여져 음식 투정을 하고, 또 음식 차별을 두며 편식하는 이들도 있지만, 한 세대를 되돌아보면 우리의 부모들은 이보다 더한 고통도 감내하며 살았던 것이다.

어머니가 음식을 대하며 '영양가 많은' 음식이라는 표현을 '몸에 이로운' 음식이라고 에둘러 말하던 기억이 난다. 양도 질에 못지않게 소중히 여기던 그 시대를 살아오면서 몸에 밴 표현인 듯싶다.

콩에서 젖을 빼고 나면 남는 비지, 어쩌면 내 부모의 초상이다.

수호초秀好草

합성수지로 만든 네모난 대형 화분이 청사 현관 밖에 놓여져 있다. 추위에 강하다는 수양버들도 잎사귀를 털어 내는 겨울, 그 화분에 화초가 심어 졌다. 일본에서 귀화했다는 수호초, 음지이거나 습한 곳에서 자생하는 다년생 품종이라 한다. 봄철에 연 황록색 작은 꽃이 피고 나면 종자가 여문다는, 겨우살이 화초라 한다.

좋았던 계절에는 화사하게 여러 꽃을 피워 내던 화분이었다. 팬지가 희고 노랗게 또, 자줏빛 꽃으로 어우러졌고, 그 꽃이 시든 후 샐비어가 빨강 꽃을 촘촘히 매달고 있었다. 다음으로 패츄니아가 희고 붉게 마치, 나비가 앉은 듯 꽃피운 자리에, 흰 꽃에 붉은 물감을 묻힌 듯, 화사한 꽃잎의 임파치엔스가 시샘을 하려는 것인지 자리했다. 그리고 추위 속에서 수호초 차지가 됐다.

녹색 잎을 지니고 겨울을 보내는 식물이 수호초 뿐인가. 담 너머 대나무, 뒤뜰 화단에 맥문동, 또 산에서 자생하는 처녀치마도 초록 빛깔을 유지하며 겨우내 지낸다. 하지만 비단 이 식물에 마음이 쓰임은 왜일까.

자생하는 자태가 힘에 겹고 고통스레 보이기 때문이다. 기온이 내려가면서 줄기는 비틀리고 잎은 오므려진 채, 그래도 버티는 모습은 마치 기력이 쇠약해져 떨고 있는 노숙자를 보는 듯도 하고, 또, 가엽게도 홀로 병마와 싸우는 독거노인이 연상되기 때문이다.

작은 짐승조차 체온 조절을 위해 땅 속에 기어들고 억센 나무도 고사하는 겨울, 좋은 계절을 젖혀 두고 언 땅에 뿌리를 박고 줄기는 얼려가면서 구차한 모습으로 자생하려 함은 왜일까.

기다림이다. 꽃피고 종자를 열고 그 종자가 여물어 번식하는 절정의 시기를 기다리는 것이다. 갖은 역경 속에 시달리고 또 짐승에게 짓밟히면서 끈질기게 버텨 내야 하는 그 인고의 삶은 종속의 맥을 잇기 위한 본능의 몸부림이다.

그것은 마치, 영하 56도를 넘나드는 남극, 눈보라를 동반하는 브리자이드의 맹렬한 강풍 속에서 생존을 지키는 펭귄의 삶과도 같고, 그 추위에서 얼굴만 내놓은 채, 종속의 번식을 위해 알을 품는 펭귄의 그 본능과도 같은 것,

아니면, 비가 오나 눈이 오나 동틀 녘이면 장독대에 정화수

떠놓고 자식의 해후를 비는 내 어머니의 소원과도 같은 것. 이제는 세월에 씻겨 기억도 아득한데, 운명이려니 단념 할 수도 있으련만, 그러지 못하는 모정, 먼산 바라보는 눈가에 이슬 맺히는 자식을 향한 그리움, 그 기다림이다.

가난하던 시절, 끼니까지 걱정하며 고달프게 살아가던 애옥살림에, 약 한 번 써보지 못하고 첫째 아들을 여의었다. 그리고 사남매를 금이냐 옥이냐 억척스레 키워 큰아들 장가보내 손자까지 얻었다. 이제는 무슨 여한이 있겠는가. 마음 펴고 사는가 싶었는데, 민족상잔의 동란을 만나 아들을 또 잃어야 했다. 생이별이었다.

숱한 날을 친구와 굴 속에서 숨어 지내다가 새벽녘 인적이 끊어진 틈을 타 집으로 숨어들어 세수하던 작은아들, 어찌 염탐질로 알아챘는지 내무서원이 들이닥치고, 그 서슬 앞에서 굽도 젖도 할 수 없이 끌려가는 자식을 바라보며 이러나저러나 애만 태우며 보낸 반세기의 세월, 이제는 만나 볼 수 없는 자식이려니 체념을 하고도 남으련만 그러지 못하는 피붙이를 향한 기다림.

그렇다. 그리움이다. 수호초야 꽃피울 시기를 고대하는 기다림이요, 바람대로 머지않아 이루어질 수 있는 기대지만, 내 어머니는 자식의 만남을 갈망하는 기다림이요, 기다림이 좌절돼 변하고만, 뼈에 사무친 그리움이다.

수호초를 아침에 보면 간밤 추위에 줄기는 얼어 구부러져 있고. 정오에 다시 가보면 해바라기라도 하려는 듯 줄기가 서 있다. 흐리거나 눈이 오는 날이면 흙바닥으로 기고, 기온이 올라가면 꽃대를 세운다. 기상 변화에 민감히 반응하면서도 생명을 지탱하는 그 강인한 의지는 봄날의 기다림이다.

근자에 구십 노모는 막내아들 잘 사는 것을 보니 죽어도 한이 없다고 한다. 그리고는 손자들 건강히 자라는 것을 보니 죽어도 여한이 없다고 말을 바꾼다. 그렇더라도 골수에 깊게 맺힌 사무친 한이 지워질 수 있을까.

오래지 않아 남녘으로부터 봄소식이 전해져 오고 기온이 상승하면 수호초는 절정인 양, 꽃을 피울 것이다. 그러나 어머니 가슴에 맺힌 통한사는 언제나 지워지려나. 생전에 어머니 가슴에도 수호초 한 송이 곱게 피워 낼 수 있을까.

기다림이여. 그 고통의 수호초여! ♥

눈물

사람의 신체 구조에서 눈만큼 내면을 잘 보여 주는 기관도 없다. 눈이 지성을 표출한다면 눈물은 감정을 나타낸다. 눈물은 표정 가운데 가장 드라마틱하여 사람의 넋을 빼기도 한다. 강력한 호소력을 지녔다.

결혼을 앞두고 그간 다니던 직장을 그만두게 되어 사직 인사를 하는 그녀의 눈에는 눈물이 맺혀 있다. 눈물진 얼굴이지만 곱게 보였다. 비록 길지 않은 넉 달간의 만남이요, 대화도 해 본 적 없고 눈인사가 고작이던 동료의 사이었으나 헤어져야 하니 섭섭하다. 만나는 자는 반드시 헤어진다는 것이 운명의 이치(會者定離)라고 하지만 그래도 서운하였다.

지난 여름, 본청 파견을 마치고 사업소로 복귀하던 날, 그간 추진했던 일을 상사에게 보고하는 자리에 그녀가 차를 들고 들어왔다. 생활 형편이 좋아지면서 하찮은 일자리를 기피하는 탓에 잔심부름이나 해야 하는 사무보조원의 채용이 어려운데, 근로 학생도 아닌 예쁜 숙녀가 채용되었던 것이다. 동그스름한 얼굴이 하얗고 눈빛이 영롱하였다.

몇 열 앞자리의 그녀 쪽으로 눈길이 갈 때가 많아졌다. 알아채지 않을 정도로 넘겨다보기를 하였다. 무엇인가를 하다가 주위를 의식하고는 노트를 서랍 속으로 넣는 그녀의 모습이 여러 차례 목격되었다. 또 이상하게 걸려오는 전화도 없고, 통화하는 모습도 볼 수가 없다. 요즘 그 또래의 여성치고는 무엇인가 남들과 달라도 많이 다르다는 생각이 들었다.

서류함의 문서를 정리하다가 우연히 그녀의 이력서가 담긴 봉투를 보게 되었다. 부모와 오빠, 그녀는 막내였다. 미술고등학교를 거쳐 부산의 모 전문대 의상디자인과를 졸업하였다. 의복의 색상이 돋보이고 세련된 차림새가 전공과 무관치 않았음을 알았다. 덤으로 알게 된 신상이 충격적이었다. 아무도 모르게 깊은 곳에 숨겨 주고 싶었다. 농아였던 것이다.

우리 직장에 비슷한 장애를 가진 운전기사가 있다. 어려서 중병을 앓으면서 농아가 되었다는 운전기사는 자신과 처지가 같은 그녀를 추천했던 것이다. 힘들 걸 뻔히 알면서도 채용에 응한 용기가 가상했다. 원활하지 못한 의사소통을 각오하고, 아니 사회에 부딪쳐 보려는 마음이 대견하다는 생각이 들었다.

나는 몇 해 전, 니코틴이 후각을 마비시켜 냄새를 분별할 수 없었던 경험을 했다. 비록 짧은 시간이기에 지장을 느낄 수 없었지만 만약 후각을 이용하는 직업의 종사자라면 그 장애로 황당했을 것이다. 청각 장애는 목소리의 상실과도 같다. 사람과의 의사소통을 해야 하는 직장인, 그녀의 침묵의 고통은 오죽할까.

장애로 해서 겪는 불행이 얼마나 많은가. 텔레비전 연속극에 이런 장면이 있었다. 죄를 짓고 숨어 지내던 아들이 경찰에 붙잡혀 연행되어 간다. 이를 본 아버지는 삶을 비관하여 강물로 뛰어든다. 물살에 휩쓸려 떠내려가는 아버지를 먼발치에서 목격한 딸은 몸부림을 친다. 누구에게 아버지를 구조해 달라고 소리 한 번 지르지 못하고 발만 동동 구르며 한없이 울기만 한다. 딸은 말을 못하는 벙어리였다.

사직서를 내기 며칠 전, 그녀는 감기를 심하게 앓았다. 이틀간 병가를 내고도 차도가 없었는지 핼쑥한 얼굴로 출근을 해서는 머리를 책상에 묻은 채 울고 있었다. 그 울음이 꼭 감기의 증상 때문이기만 했을까.

흔히들 여성은 남성보다 감정에 민감하고 남성은 이를 억제하는 이성이 발달되었다고 한다. 자유롭게 의사를 표현할 수 없는 그녀, 수화의 동작으로도 소통이 되지 않아 글로 써야 의사가 통하는 직장에서 감정 표현에 얼마나 힘겨웠겠는가. 울음이나 웃음 말고 달리 감정을 표출해 낼 방법이 무엇이란 말인가.

그럼에도 별다른 내색 없이 잘도 견디었다. 그런데 마지막 떠나면서 또 눈물을 짓는다.

눈자위에 맺혔던 눈물이 망울져 뚝! 떨어지는 것을 본 순간 나는 이상하게도 어떤 신비로움을 느꼈다. 어떤 신뢰, 아니면 세상에 대한 감사의 의미가 담긴 눈물이라 여겨졌다. 눈물을 흘리고 있는 모습이 약해 보이기는 해도 새삼스레 그녀에 대한 신의가 생겼다. 이 험한 세상, 잘 살아낼 수 있으리라는 믿음을 그녀의 눈물에서 보았다면 나의 지나친 센티멘털리즘일까.

이브가 선악과를 따 먹고 흘린 회한의 눈물이 백합화로 피었다는 전설이 생각난다. 그녀가 보인 눈물은 잔잔한 여운처럼 불가사의한 미를 지녔으니 어느 꽃의 상징이라고 해야 할까. 부디 새 가정을 이루며 새롭게 피워 낼 그 꽃이 어떤 역경에서도 꺾이지 않고 잘 견뎌 실한 열매를 맺기를, 떠나가는 뒷모습을 보며 빌어 본다.♥

제6부
산새가 훔쳐본 속살

38. 볼기 나무
39. 어린 두견이
40. 사람을 갈라 놓은 인공의 청미래덩굴
41. 숭고한 신념의 의료 사업가 -유일한 박사님께
42. 달팽이
43. 돈돈돈
44. 애기똥풀

볼기 나무

북한산을 오르면서 자주 찾아가는 곳이 만경봉의 북편 벼랑이다. 굽이 진 된비알을 지나 벼랑에 서면 한 그루 단풍나무가 애상에 젖게 하고, 신록 사이로 보이는 무너진 성터가 숙연하게 해 주기 때문이다.

조선조 숙종 37년, 왜적의 침략을 지구 항전으로 대항하고 백성들의 생존을 영유하려고 축성한 산성, 행궁과 군영, 여러 사찰을 짓고, 백운봉과 만장봉, 인수봉의 세 거봉에 봉화대를 설치하여 통신 기지까지 운영하며 이백여 년을 지켜오던 곳이다. 일제 침략으로 파손되고, 또 세월에 씻기며 흙 속에 묻혀 참상이 잊혀진지도 오래 된 곳이지만 소실된 성문, 파괴된 성터, 파묻힌 석축 하나하나에서 민족의 한을 느끼게 한다.

그 한의 현장, 조선왕조의 마지막 몰락을 지켜본 듯, 수령을 알 수 없는 단풍나무가 벼랑 아래를 내려다보고 있다. 뿌리는 돌 틈에 박히고, 기둥은 암벽에서 스민 석수 탓에 이끼가 서려 있다. 줄기는 한 개가 썩어 잘려 나가 두 줄기가 세 뭇의 가지를 이고 있다. 바람에 잎을 팔랑이며 매무새를 고쳐 가는 나무의 동작이 측은하게 보이기까지 한다.

중남부 지방에 주로 분포하는 단풍나무가 삼십여 종이라고 한다. 이 수종은 아홉 개로 갈라진 잎 뒷면에 털이 나 있는 내장 단풍 종이다. 밑기둥에 회갈색 둔부를 가졌는데 짝 지은 모양이 두두룩한 게 여인의 볼기와 닮았다. 초하에 녹음을 타고 고사리와 잡초, 떡갈나무가 에워싸고 있지만 등산로를 향하고 있어 지나치는 이들에게 조롱을 받는다. 석수에 입 맞추던 산새도 훔쳐본 속살이 무안한지 이내 숲으로 숨는다.

이 나무의 볼기야 암반에 눌린 밑기둥이 위로 뻗기 위해 휘어져 생성된 자연적이고 생태적 현상이지만, 사람의 볼기는 건강의 표시이기도 하고 여인의 곡선미나 의상 유행의 핵으로 여겨져, 또 흔드는 율동이 정적(情的)이며 매력의 상징이 되어 그 생김새만으로도 관심의 대상이 되기도 한다. 그래서 지나가는 등산객이 어찌 대하는지 반응을 살펴볼 양, 건너 편 바위에 앉았다.

짓궂은 이는 볼기를 매만지며 히죽거린다. 처녀는 겸연쩍어 외면한 채 지나가고. 어떤 이는 두들기며 도섭스레 농을 한다.

이왕에 외설, 내친 김에 한 마디 더 하기로 한다.

엉덩이는 웅덩이가 변해서 된 말이라 웅덩이는 응(應)한다는, 궁덩이는 궁(窮)하다는, 방둥이는 꽃(芳)답다는 뜻이 있다며, 부인과 미망인과 처녀를 구별하는 말이라며 사전으로도 알아낼 수 없는 그럴싸한 희언을 하는 이도 있다. 나무 측에서야 역경을 이겨낸 역사, 상을 주어도 마땅한데 나무의 볼기가 여인의 것과 닮은 탓에 놀림을 당한다.

조선시대의 형벌엔 태형 · 장형 · 도형 · 유형 · 사형의 다섯 종류가 있었다고 한다. 그 중 태형과 장형, 도형이 볼기에 가해지는 처벌이다. 전래되는 민화에 가난한 양민이 곡식 몇 말에 팔려 대신 단장목의 곤장을 맞아 준 이야기가 있다. 먹을거리가 없는 탓에 벌까지 덮어쓰고 하필이면 신체 부위에서 매질의 표적이 되었으니 볼기인들 얼마나 아플까. 이 나무의 볼기도 등산객에게 수난을 겪어 표피는 패이고 빛깔이 변해 있다. 양민의 퉁퉁 부은 볼기가 연상되어 안쓰럽다.

그렇지만, 이 나무는 북한산의 거봉을 타고 있다. 어쨌거나 볼기로 해서 등산객의 시야를 묶어 두고 줄기는 하늘로 뻗고 있다. 벼랑을 방패막이로 바람 피해를 막고, 절벽으로 기운 가지는 썩히고 잘려서 스스로 낙상을 예방한다. 그리고는 탈속한 여인처럼 머리를 하늘로 두고 만경대를 기어 넘으려는 듯, 백운대, 노적봉 너머를 바라보려는 듯 의연하게 서 있다.

이 나무를 지켜보고 있노라면 생명의 가치나 존재의 의미를 생각하게 된다. 숙명을 거역하지 않는 모습과 환경에 적응하는 삶의 의지를 보게 된다. 그런데도 나는 왜 애면글면하는 여인의 서글픈 몸부림으로 연상하는 것일까.

왜, 하필이면 비옥한 명당자리거나 맑은 계곡을 놓아두고 산성이 내려다보이는 거봉에 자리를 틀고 벗은 여인의 형상을 한 채, 긴긴 풍상을 버티며 온 걸까.

그렇다. 볼기나무는 북한산의 나무다. 겨레의 곁에서 총성과 화염에 분노했을 나무다. 산성이 불타고 초토가 된 산정에서 민족을 위해 가슴 태웠을 나무가 아닌가.

남의 나라 국모를 시해하는 악랄함, 이에 더한 만행이 있으랴만, 일제 치하의 36년간의 온갖 고초와 시련에서 조국의 광복을 위해 항거하다가 산화한 선열, 아니면 적의 사슬에 묶여 이역 만리 오지로 끌려가 담요로 막을 친 마구간에서 온갖 수모를 당한 여인들, 자결도 자유일 수 없다던 치욕의 감옥살이로 오로지 고국 하늘만을 바라보고 울며 살았다던 어느 할머니, 이들의 목 메인 절규와 피눈물, 이런 한의 비분을 이 나무는 알고 있을 것이다.

그래서 가을이면 북녘을 바라보며 만산홍엽의 피를 토하며 절규하고 있는 것이리라.♥

어린 두견이

'아침 마당' 이산 가족을 찾는 텔레비전 프로를 시청한다. 이런저런 사연을 들으려니 목이 멘다. 헤어질 당시 기억들을 짜기워 설명하는가 하면 가늠할 수 없는 지명, 살았던 고장을 요도(要圖)로 그려와 설명한다. 빛바랜 사진에서 변했을 모습을 짐작해 보기도 하고, 옷 속에 가려진 흉터, 점 하나까지 단서가 될 만한 것이면 가리지 않고 공개한다. 기억에 호소하는 그들의 염원을 헤아리며 나는 연민에 잠긴다.

너무 막연하다. 흘러간 세월만큼 변하고 이질화되었으련만, 정말로 만나지 않고는 견딜 수 없는 혈육이기에 실오라기라도 잡으려는 심정일 것이다. 차라리 사별이라면 체념할 수도 있다. 생이별의 아린 마음은 만남 말고 무엇으로 치유될 수 있겠는가. 살아 있기라도 하다면 상봉의 소원은 기필코 이루어질 것이다.

절절한 사연을 듣고 있으려니 어느 아이의 가련한 모습이 떠오른다.

70년대 초 늦은 봄날, 직장의 일로 모 경찰서 보안과를 방문한 적이 있었다. 사무실 안이 갑자기 소란하여 그 편을 돌아다보니, 10대 소년이 서너 살 가량의 사내아이를 업고 지친 모습으로 들어오고 있다. 업힌 아이는 눈물과 땀으로 온몸이 젖어 있고 얼마를 울었던지 목은 가라앉고, 얼굴은 붉게 부어 있다. 아이를 업고 온 소년은 분한 듯이 울먹이며 여경(女警)에게 아이를 데려오게 된 경위를 설명한다.

극장 앞에서 구두를 닦는 소년이었다. 처음 보는 손님이 아이를 안고 와서 구두를 닦고, 애 엄마와 다투다 화가 나서 애를 데리고 나왔는데, 급히 가 볼 곳이 생겨 그런다며 심부름 값이라며 천 원짜리 몇 장을 손에 쥐어 주면서 애를 엄마에게 데려다 주라고 부탁하더라는 것이다.

소년은 손님이 시키는 대로 골목 안의 두 번째 집을 찾아갔다. 아이의 집이 아니었다. 모두들 동네에서 처음 보는 낯선 아이라는 것이다. 난처해진 소년은 아이를 그 집 앞에 두고 올까 생각했지만, 무섭고 아이가 불쌍해 어른들이 일러 준대로 경찰서로 데려온 것이라고 했다.

여경이 우는 아이의 땀을 닦아 주다가 옷깃에서 쪽지를 찾아냈다. 쪽지에는 말 못할 사정으로 아이를 키울 수 없다는 것과,

아이가 출생한 날짜가 적혀 있었다.

나는 그 아이의 가련한 모습이 각인된 때문인지 잃어버린 가족을 찾는 방송 프로를 볼 때마다 그 아이 생각이 떠오르곤 한다.

오늘도 이 프로를 보다가 불현듯이 부모를 찾으려고 고국에 온 외국 국적의 청년 중에서 혹시라도 그 아이가 있지 않을까 싶어 그들을 주시한다. 통역을 통해 자신을 설명하는 내용 속에 내 기억과 통하는 그 무엇이 나타났으면 하는 바람도 가져 본다. 헛된 기대이지만 그래도 조바심을 내며 그 아이가 성장했을 모습을 상상으로 더듬고 설명을 맞춰 보려고 애를 쓴다.

내가 기억하는 그 아이의 용모는 얼굴이 둥글고 눈이 크다는 것이 전부다. 또 아이가 기억하고 있음직한 일을 추측컨대, 구두약과 땀 냄새나는 낯선 형의 등에 업혀 어디론가 갔고, 엄마 찾아 달라며 목메어 울었으나 엄마는 영영 볼 수 없었다는…. 그 것뿐이다. 그러나 허기지고 목 쉰 아이의 울음, 절망에 찬, 슬프고 고된 가련한 인상은 내 기억에서 지울 수 없다.

얼핏 머리에 스치는 것은 어린 두견이라는 어휘다. 탁란(托卵)된 두견이같이 남의 둥지에서 세상 보는 눈을 떴다는 생각 때문이다. 어미 새는 탁란한 둥지를 멀리 떠나지 못하고 먼빛에서나마 새끼를 지켜보며 울음소리로 어미인 것을 각인시켜 준다고 하는데, 하물며 만물의 영장이라 자칭하는 인간으로서 어떻게 자기 피붙이의 연을 잘라 남으로 살아 갈 수 있을까. 그 아이를 키울 수 없다는 말 못할 그 사정이라는 것이 천륜의 거역보다도 중대할까.

엄마의 낯이 익기도 전에 버려 진 아이, 왜 버리느냐 캐물을 수 없던 어린 그가 자신을 누구라고 내세울 수 있겠는가. 근본이 불분명한 존재로 살아가야 하지 않는가.

오늘도 내 핸드폰에 실종 어린이를 찾는 메시지가 몇 건씩 뜨고 있다. 신고 되지 않은 미아나 유괴 아동까지, 나그네 새로 전락해 가는 어린이는 더욱 많을 것이다. 이런 현실을 보며 우리 주위를 떠돌고 있을 많은 두견이들의 고달픈 운명을 헤아리며 분노를 느낀다.

이산의 아픔을 당사자가 아닌 내가 어찌 다 헤아리며 무슨 말을 할 수 있겠냐만, 그러나 이들의 고통이 남의 일로만 느껴지지 않는다. 어딘가에 존재하고 있으나 존재자로 내세울 수 없는 그들, 또 생계의 수단까지 포기하며 잃어버린 피붙이를 찾아 눈물로 헤매는 많은 가족들, 이런 부조리한 현실을 개탄하며 이들의 소망이 하루속히 이루어지기를 빌어 본다. ♥

사람을 갈라 놓은 인공의 청미래덩굴

새 천년, 조국의 염원인 평화가 깃들려는 것인지 8 · 15 이산 가족 상봉이 남북의 합의로 이루어 졌다. 고령이 된 아들과 백발의 어머니가 부둥켜안고 절규하는 모습이 텔레비전 화면을 통해 방송되었다. 목메인 이런 장면을 보고 있으려니 산에서 보아 오던 청미래덩굴이 생각난다.

백합과의 만성식물이다. 잎은 두꺼운 원형으로 잎 끝이 뾰족하며 광택이 난다. 가을이면 둥근 열매 여럿이 붉은 색으로 익어 일품이다. 지방마다 다양하게 이름이 불리어 망개나무 · 명감나무 · 배발톱가시라고도 하는데, 마른 덩굴에 불을 지피면 연기가 나지 않아 빨치산들이 땔감으로 이용했다 하여 빨치산 땔감이라는 별명도 가지고 있다. 열매는 꽃꽂이에, 잎은 망개떡의 소재로도 쓰인다.

이 나무는 마디에서 이리 굽고 저리 굽고, 갈고리 같은 가시를 지닌 특질이 있다. 철조망을 연상케 한다. 철조망은 가시철사로 된 철조를 늘려 얼기설기 쳐 놓은 쇠 가시덩굴이 아닌가. 사람들의 왕래를 막고, 이산의 아픔을 낳은 전쟁이 만들어 낸 흉물이 아닌가.

15세 어린 나이로 심부름 갔던 아들이 50년 만에 어머니 곁으로 돌아와 아들이 돌아왔다고 목메어 흐느끼는가 하면, 치매를 앓던 할머니가 아들을 보자 "네가 종필이냐?" 며 잃었던 말문까지 되찾는 광경, 그런가 하면 늙어 버린 아들과의 상면이 믿어지지 않는지 눈물겹게 바라보다가 누를 수 없는 격정에 그만 실신해 의료진에 의해 실려 가는 모습, 화면이 전개될 때마다 북받쳐오는 슬픔에 말문이 막힌다.

땅을 갈라 놓고 인륜의 정까지도 앗아 간 지옥문의 빗장 같은 쇠 가시, 그 덩굴을 헤쳐 가며 돌아온 거리가 너무나 멀었다. 피붙이를 향한 모정에 울고, 고향 하늘 바라보며 탄식으로 보낸 세월이 너무나 길었다. 허구 같은 모자간의 만남, 이 진실을 보면서 내 눈가에도 망울이 맺혔다.

어머니와 아들, 이보다 정겹고 아름다운 언어가 어디에 있을까. 그저 바라만 보아도 좋고, 허기진 배도 불러 오고, 시련이나 절망에서도 용기가 되어 주는 축복의 어휘가 아닌가. 아들은 어머니, 어머니는 아들에게서 서로 공유하며 느끼는, 정감이 넘쳐나는 이 말처럼 축복 받은 시어가 또 있을까.

어느 가족의 이야기가 생각난다. 부모 사랑을 듬뿍 받고 성장한 아들이 대구에서 서울의 모 명문 대학 특차에 응시했다. 명석하고 영리한 그의 합격은 당연시되었지만, 그래도 친척들은 궁금했던지 친척들 모임 자리에서 합격 여부를 알아보기로 하였다. 대학 교무실로 문의 전화를 하려다 뜻밖의 문제가 생겼다. 누구도 학생의 이름을 아는 이가 없었다.

친척들은 서로 얼굴만 바라볼 뿐, 누구라고 이름을 대는 이는 없었다. 그럴 수밖에, "그럼요. 우리 아들, 이번 학기에도 수석을 했어요. 예, 우리 아들인 걸요.…" 학생의 어머니는 남들 앞에서 늘 이런 식의 대화를 했던 것이다. '아들, 아들.' 이름 대신에 아들로만 통해 왔으니…….

남들의 관계처럼 느껴져 아들 이름 부르기조차도 사양하는 어머니. 자식이 한 자 하면 두 자로 보이고, 두 자면 석 자로 보인다는 격언도 있는 것처럼, 그런 인륜의 관계를 어찌 쇠 가시 덩굴로 막아 반세기를 탄식으로 보내게 했단 말인가. 어찌하여 내 어머니에게도 이 같이 가슴에 징을 박는 고통의 긴 세월을 보내게 했단 말인가.

나는 몽매간에도 그리운 작은형 만날 날을 소원한다. 무릎에 입은 타박상에 치료 한번 받아 보지 못하고 고생하던 형, 가구 공장 지하실에서 친구와 숨어 지내다가 남들 눈을 피해 동틀 녘 집으로 숨어든 한 번의 실수가 영원히 돌이킬 수 없는 생이별이 될 줄이야. 느닷없이 들이닥친 내무서원에게 붙들려 이별의 말 한 마디 못한 채, 가래톳까지 서서 절뚝거리면서, 그렇게 끌려가던 형, 어떤 고난이나 역경에서라도 부디 살아남아 생존의 소식만이라도 들을 수 있었으면.

육본 고급문관단실에서, 군속의 신분으로는 부대 이동에 동반할 수 없다고 근무처의 상사는 임관을 추천해 주었지만, 행여 군인이 되면 전선에 배치될까 두렵다며 만류하신 아버지, 그 후 회와 자책으로 그늘처럼 살다 가신 아버지. 또, 새벽마다 장독대에 정화수 떠놓고 빌며, 그도 마음에 차지 않아 빈말이나마 '꼭 만나게 된다' 고 하는 한 마디 점조(占兆)에 목을 걸며 용하다는 점집을 두루 찾아다니시며 방황으로 일삼아 오신 내 어머니, 절망을 가슴에 묻은 채 이승을 떠나신 어머니, 그리고 아버지.

청미래덩굴이야 산길만 갈라 놓아 얼마든지 돌아가면 되는 덩굴이지만, 땅을 갈라 놓고 사람의 왕래를 막는 인공의 쇠 가시 덩굴은 언제쯤에나 걷어지려나. 그렇더라도 인륜만은 가를 수 없기에 이번 이산 가족 상봉이 이루어지고, 그래서 이 땅에 드리운 먹구름이 걷히려나 보다.

숭고한 신념의 의료 사업가

- 유일한 박사님께

박사님이 고이 잠든 유한동산 묘소에서 묵념으로 예를 올립니다. 유언에 따라 유한중공업고교 교문 위편에 자리한 박사님의 유택엔 한동안 기승을 부리던 꽃샘추위도 범접할 수 없는가 봅니다. 바람도 자고 따스한 햇살이 동산에 내리고 있군요. 소담하고 조용한 이곳에 머물며 박사님을 그려 봅니다.

한평생 키워온 기업과 사재 전부를 배움에 굶주린 새 세대를 위해 기꺼이 기부하신 거룩한 업적을 어찌 경의로만 표하겠습니까. 자신의 철학과 신념으로 박사님처럼 올곧게 살다가 뜻있게 가신 이가 몇이나 있을까요. 박사님은 이 시대, 우리가 가야할 길을 인도하는 별, 폴라리스였습니다.

구한말 일본의 침략 야욕으로 내정 간섭이 극심했던 암울한

시대에 태어나 개화 독립론의 영향을 받아 겨우 9 세의 어린 나이에 미국으로 건너가 고학으로 대학을 마치고 기업까지 일으켜 성공하신 박사님!

미국에서 일본에 대항한 독립운동, 그 엄청난 조국 사랑의 공적은 접어두고라도 신학문을 익힌 선구자로서, 귀국 후 얼마든지 명성을 드높일 길이 있었는데도 어찌 마다하셨습니까. 연희전문대의 상과교수 초청도, 또 초대 상공부장관의 입각도 거절하셨습니다. 동포의 비참한 처지가 그리도 딱하셨던가요. 철마다 찾아드는 돌림병, 각종 기생충, 결핵, 학질, 피부병으로 신음하는 동포의 처절한 실상에 차마 눈길을 돌릴 수 없던가요.

유한동산 우측에 좌정하신 박사님의 동상을 바라보며 굳은 신념과 의지를 읽고 있습니다. 건강한 국민만이 교육을 받을 수 있고, 또 주권도 찾을 수 있다는 확고한 믿음은 이내 국내에서 최초의 근대적 제약 공장을 갖춘 제약 입국의 의지를 실천하셨습니다.

'눈으로 볼 줄 아는 사람은 훌륭한 사람이다. 그러나 귀로는 남의 이야기를 들을 줄 알고 머리로는 남의 행복에 대해 생각할 줄 아는 사람은 더욱 훌륭한 사람이다.' 동상 앞쪽에 전각된 박사님의 어록을 몇 번씩 읽으며 부끄러운 자신을 반성합니다. 보고 듣고 생각하는 겉으로 드러나는 의미의 행위야 사람이면 누구나 하는 행동이지만, 과연 그 속에 담긴 뜻을 알고 행동으로 실천하기가 어디 쉬운 일이던가요. 눈으로는 형상에만 집착하고, 귀로는 감언에 솔깃해 하며, 남의 행복보다는 자신의 이익을 챙기려는 한낱 졸장부라는 말에 생각이 미치니 낯이 붉어집니다. 그 어록에 담긴 남을 배려하는 박사님의 깊은 사려에 머리가 숙여집니다.

비문 앞부분에 새겨져 있는 우수한 상품을 만들어 국가와 국민에게 봉사하고, 양성한 인재를 사회에, 그리고 기업 이윤으로 많은 일자리를 만들고 남은 것은 다시 사회에 환원한다는 박사님의 생활철학이고 기업 경영의 이념이기도한 이 말씀에서 박사님의 진면목을 대하게 됩니다.

박사님은 한국 최초의 기업 광고 분야의 문을 여셨습니다. 또한 최초의 사원 지주제를 실시하여 기업은 사회와 사원의 것이라는 뜻에서 주식의 일부를 사원들에게 공모주로 분배하였습니다. 또한 국내 제약 업계에서는 최초로 주식을 상장하여 소유와 경영을 분리하셨습니다.

또, 기업들의 엄청난 탈세가 밝혀져 시끄러웠던 1967년 세무 사찰에서 미세한 오차도 없이 성실히 납세한 것이 밝혀져 1968년에는 모범 납세 우량기업으로 선정되고 동탑 산업훈장까지 받은 최초의 기업인이셨습니다.

정경 유착, 탈세, 변칙 증여 등, 이익이 되는 일이면 무슨 방법이든 가리지 않고 자행하는 오늘날의 기업들, 많은 비리가 언

론에 공개되어 사회에서 지탄받는 현실에서는 감히 꿈도 꿀 수 없는 일들입니다.

이처럼 선구자적 모범 기업가로서 그래서 신상(紳商)으로까지 존경받은 박사님을 저는 외람되게 교육자라고 생각합니다. 기업을 사회의 공기로 키우고, 그리고 평생 일군 전 재산을 최종의 목표인 학원 설립과 장학제로 인재 양성에 출연한 그 의지 때문입니다.

박사님의 숭고한 정신과 불멸의 유업으로 일군 유한학원은 훌륭한 대학으로 성장 발전하였습니다. 또한 여기서 배출되는 많은 역군들은 박사님이 염원한대로 사회에 나가 충실히 제 몫을 해내고 있을 것입니다.

박사님의 딸 유재라 선생도 박사님이 떠나가신지 만 20년이 되는 1991년 3월에 영면하면서 소유하신 전 주식과 전 재산, 당시 시가 2백5억 원을 유한재단에 기부하셨습니다. 따님 또한 박사님의 유지를 받들어 지성의 금자탑을 세우는데 일조하셨습니다.

'사람은 죽으면서 돈을 남기고 또 명성을 남기기도 한다. 그러나 값진 것은 사회를 위해서 남기는 그 무엇이다.' 과연 그 무엇일까요? 박사님의 이 말씀을 화두로 가슴에 새기며, 이만 필을 놓겠습니다. ❤

달팽이

산의 능선에 오르니 하늘이 회색 빛깔이다. 너울너울 늘어져 있는 능선에 안개가 덮여 구름 같다. 건물과 사람, 차들이 붐비는 도시가 희미하다. 집에서 궁궁되느니 산에 오기를 잘했다는 생각을 한다.

근래에 산을 찾는 젊은이들이 늘었다. 직장에 출근한다며 집을 나와 산으로 가는 이들이 많다고 한다. 경기가 침체되고 회사가 부도나 직장에서 밀려난 퇴직자라고 한다. 그들의 심정이 쇳물처럼 끓고 있으리라.

한때는 근면, 자조, 협동의 녹색 깃발을 하늘 높이 드날리던 조국 발전의 기수들이다. 궂은 일, 힘든 일을 가리지 않고 열심히 일해 오던 산업 전사들 이련만 이 사회의 무엇이 탈이 되어 그들을 생활 터전에서 내몰았을까. 마치 난파선의 난민처럼 악전고투를 치러야하는가.

마주 뵈는 서쪽 능선의 우뚝 솟은 바위를 본다. 바위로 오르는 등산로가 좁아 행렬이 한 줄이다. 짊어진 배낭이 큰 것, 작은 것, 빛깔도 여러 가지인데. 배낭 없이 빈 몸으로 오르는 이들도 눈에 띈다. 그들을 보고 있으려니 뜬금없이 달팽이가 떠오른다.

껍데기 없는 민달팽이도 있지만, 달팽이라면 나선형 껍데기가 특징이다. 몸에 덮은 껍데기를 등짐인 양 이끌며 배 부분의 평평한 발로 기어다니며 살아간다. 비나 바람의 저항을 작게 받는 둥근 나선형 껍데기는 위는 좁고 아래가 넓어 안정감이 있다. 회오리바람의 형상이라 할까. 관을 통과하며 선회하는 물의 모양, 아니면 천체(天體)의 나선형 성운(星雲)과도 닮았다.

기하학적으로 가장 안정성과 아름다움을 구현하는 구조 비율을 황금분할 (Golden section)이라고 한다. 그 황금분할의 수열(數列)이 회화나 건축에 응용되고 있다. 중세기 이탈리아의 수학자 피보나치(L. Fibonacci)의 수열이 그런 것인데 공교롭게도 달팽이가 수열과 일치한다고 한다. 예쁘고 안정되어 보이는 이유가 그 때문이다. 진화설로 풀자면 과학화로 변천된 것이고, 창조설로 본다면 짐을 진, 고통에 대한 창조자(神)의 극진한 보상이라고 해야 할 것이다. 아무튼 우주적인 조화로써의 형태를 지닌 것이 놀랍다.

달팽이가 등짐으로 해서 활동의 장애를 받는 것은 아닐까. 나무에 오르다가 무게로 인해 낙상하거나, 둔한 동작 때문에 살점을 탐내는 짐승에게 잡혀 먹히는 곤혹은 없을까. 그러나 낙상할 때는 딴딴한 각질의 등짐이 몸을 보호해 주고, 또 각질의 딴딴함이 짐승에게 씹히지 못하도록 해 준다. 또 몸속의 수분을 유지시켜 생명을 보전해 준다.

그렇다면 산에서 배낭은 어떨까. 활동의 걸림이 된다. 걷는데 짐이 되고 걷는 속도도 떨어뜨려 불편을 준다. 그렇지만 굴러 떨어지거나 넘어질 때는 부상을 막아 준다. 특히 허리를 보호한다. 뿐만 아니라 필요한 도구나 음식을 넣고 다닐 수 있어, 응급조치는 물론 간편한 야영도 가능하게 해 준다. 그러니 배낭은 달팽이의 등짐만큼이나 중요한 기능을 지니고 있다.

배낭 없이 험한 산을 오르는 등산객을 상상해 본다. 껍데기 없는 달팽이나 다를 바 없다. 예기치 못할 사고에 예외 없이 노출되고 만다. 그만치 중요한 기능인데도 간편한 것만 추구하여 맨몸으로 산을 오르는 이들이 있다. 어찌 보면 오만이다. 지금 우리 사회가 겪고 있는 시련이 그런 안일의 추구, 허상에 매어 자초한 것은 아닐까.

요즈음 나는 이런저런 상념에 답답할 때가 있다. 상상도 못하던 불안한 사건이 시도 때도 없이 사회에 번져나고 많은 실업자가 거리로 나와 배회 한다. 그럼에도 그 대책이 미비해 마음을 누르고 있기 때문이다.

아담한 보금자리를 마련하여 자녀들 공부시키며 오순도순 살아 보겠다는 것이 소시민의 간절한 꿈이다. 이들은, 힘써 일하면 부귀는 다가온다. '부귀핍입래(富貴逼入來)' 라는 말을 신조로 여기며 살았으리라. 그러나 그 꿈이 파도처럼 사라져 버려 울고 있다. 이 사회가 그들의 껍데기가 되어 다시 일어설 수 있게 지켜 주어야 한다.

나는 가진 자들의 허상(虛想)을 경멸한다. 오만(傲慢)과 허세(虛勢)가 이에서 비롯되었다고 믿기 때문이다. 선진국이나 된 것처럼 허상에 취해 얼마나 방탕하며 우쭐해 왔던가.

얼핏, 채근담의 말이 떠오른다. 뽐내고 교만한 것이 허세요, 허세를 버린 후에야 그 사람의 진가가 나타난다. '긍고거오(矜高倨傲)는 무비객기(無非客氣)니 항복득객기하이후 (降伏得客氣下而後)에 정기신(正氣伸) 한다.'

가슴에 깊게 담아 둘 말이라고 생각한다.

돈돈돈

동창생 모임에서 한담 중에 한 친구가 가만히 앉아 한 달에 오 만원을 버는 기발한 방법을 일러 주겠다고 한다. 허튼 소리로 곧잘 웃기는 그 인지라 무슨 농담인가 싶었지만 혹시라도 기상천외한 묘안이 있는가 하여 귀를 쫑긋 세웠다. 로또 복권을 사지 않는 게 그 방법이라고 하였다. 한 바탕 웃음을 터뜨렸다.

돈 이야기로 말문이 열리자 자연히 화두는 돈으로 이어졌다. 한 친구가 수수께끼를 내겠다며 맞춰 보라고 한다. 손들고 돈 버는 사람이 누구냐는 질문에 곧바로 세비만 축내는 국회의원이라는 답이 이어진다. 덧붙여 말하기를 의원님들도 이런 말 듣기가 거북했던지 전자 개표라든가 손을 들지 않고 버튼을 누르는 방식으로 바뀌었다고 하여 또 한바탕 웃었다.

"손 넣고 돈 버는 사람은 누구?"

모두 다 이 질문이 진부하다는 듯 빙그레 웃고 있는데 한 친구는 답이 머릿 속에 떠오르지 않는지 엉뚱한 표정을 짓는다. 그 표정에 또 웃었다. 우리 사회에서 회자되어 한물 간 조롱의 뜻이고 욕이기도 한 이런 이야기를 나도 얼마만큼은 기억하고 있지만, 오죽 세상 돌아가는 꼴을 비아냥대고 싶었으면 모처럼의 모임에서 이런 주제로 너스레를 떨겠는가.

우리를 혼란으로 치우치게 하는 돈, 돈만 있으면 개도 멍첨지요, 귀신도 부를 수 있다는 속담처럼 능소능대한 돈의 위력 앞에 어쩔 수 없는 게 우리 인간인가 보다.

가진 자는 욕심을 더 부리게 하고, 갖지 못한 자는 더욱 비통한 삶을 살아가게 하는 돈, 황금만능주의의 기치 아래 한탕주의가 기승을 부리고, 나아가 문화 사업의 명분아래 정부도 복권을 내세워 사행심까지 조장하는 판이다. 로또 복권 최고 당첨금이 407억 원이었다고 하니 누구인들 그만한 유혹을 어찌 자제하랴 싶다.

전에 근무하던 직장의 한 직원은 봉급에서 일정액을 떼어 주택복권을 구입하곤 했다. 그는 이따금 지갑에서 종이 한 장을 꺼내 옆 직원에게 보여 준다. 복권과 신문의 발표 기사를 나란히 놓고 복사한 것인데 1등 번호와 대조하면 숫자 한 글자가 틀려 인생 역전의 꿈에서 밀려난 것이다. 그는 복권에 중독이 되어 한 주일 내내 그것에 희망을 걸고 있었다. 직장을 그만두며 그 후 소식이 끊어져 보상의 소망은 이루어졌는지 알 길이 없다.

돈은 어떻게 벌었는가 보다 어떻게 써야 하는 가에 따라 가치도 달라진다. 얼마 전, 신문에서 이런 기사를 보았다.

칠십대 할머니가 버스표와 음료수를 팔아 힘들여 모은 일억대의 돈을 선뜻 모 대학의 장학금으로 기탁했다. 또, 신분을 밝히지 않은 검찰청 관계자가 매달 몇 십만 원씩을 학교로 보내 생활이 어려운 중학생 세 명에게 장학금을 주었다. 이처럼 우리 사회는 아직도 정이 넘쳐나는 선행이 생겨나고 메마르다고 하는 우리의 언 가슴을 훈훈하게 녹여 감동까지 자아내고 있다. 뜻 있는 자선가의 이런 아름다운 이야기는 분명 돈은 잘만 쓰인다면 쓰임에서 미덕의 가치를 줄 수 있다는 교훈을 말해 준다.

돈은 삶의 영유를 위해, 그리고 즐거운 인생행로를 위해 필요하다. 나라고 남은 인생을 위해 원 없이 돈을 써 보고 싶은 소망이 어찌 없겠냐만 재물과는 인연이 먼 내게 부에 대한 소망 자체가 한낱 허욕이고 꿈이다. 품위 유지를 명분으로 아내에게서 월급처럼 받아쓰는 용돈, 그 범위에서 절제하며 쓰면 된다. 더러는 인색하다느니 사람 구실도 못 한다는 말을 듣기 십상이지만 남에게 피해를 주지 않고 절약을 미덕으로 여겨 살아가면 된다.

눈만 뜨면 사방에서 들려오는 돈, 돈, 돈 소리, 귀를 닫고 그 소리에서 벗어나니 마음이 편안한 것을…. ♥

애기똥풀

춘향 어미가 머리에 빨래 그릇을 이고 똥을 누는데, 방자 놈이 요사이 기운이 어떠하시냐며 말을 건다.

"기운이고 뭐고 밑 좀 씻어다오."

"궁둥이를 좀 드시오."

한참을 들여다보다가

"여보 할머니, 구멍이 둘이니 어느 구멍을 씻으리까?"

"아따 요 녀석, 도끼 자국 같은 구멍은 말고, 초상상제 상복 끈 바싹 조인 듯, 한 구멍을 씻어다오."

〈 李古本 춘향전. 성현경 풀고 옮김에서 〉

빨래 그릇을 머리에 인 채 뒤를 보는 춘향 어미의 모습하며, 능청스레 수작을 떠는 방자 놈의 익살과 외설, 육담(肉談)인데도 유쾌하고 정감이 돈다.

똥을 말로 하자면 저속한 것도 같고 듣는 이가 불쾌할 것 같아 변, 분, 뒤 등의 말로 에둘러서 쓴다. '똥을 누다.' 보다는 '뒤를 본다.' 나아가 '화장실 간다.' '실례를 한다.' 로 순화되는 양상만 보더라도 똥은 토심(吐心) 나게 하는 어휘에 틀림없다.

똥, 하면 구린내가 따른다. 똥이 무서워서가 아니고 더러워서 피한다는 말도 이 같은 범주를 일컬어 하는 말인 듯싶다. 아무튼 상징적으로도 멀리하고 싶은 것임에 분명하다.

먹고 싸는 건 생리적 현상이다. 먹는 것, 누는 것, 다 쾌감을 느낀다. 구강과 항문이 조화롭게 조절되어 소통돼야 하는데 대다수는 구강 쪽에 편중하고 있다. 입에 달다고, 몸에 이롭다고 산해진미로 포식하고 결국은 구차스럽게 변기에 매달려 배를 잡고 넋 타령만 해 댄다. 미각만 추구하고 배설은 외면하는 것이다. 얼마 전 일간지 칼럼에서, 쥐를 잡아 항문을 꿰매 놓으면 오랜 시간 배설 못한 쥐는 발광 직전에 이르러 종족도 잡아먹는다는 기사를 본 적이 있다. 생리적인 순환이 막히자 식욕이 배설인 양, 역상하는 행동을 보인다는 것이다. 부족한 듯 먹고 속 편하게 비우면 그것이 건강의 신호이지 싶다.

지난 겨울이었다. 건강 검진을 받으려고 병원에 갔다. 여러 검사 끝에 대장 차례에 맞닥뜨렸다. 간호사는 작은 병을 내 주며 변을 담아 다시 오라고 한다. 병에 퍼 담자니 우선 실례를 해야 하는 게 문제였다. 수세식 변기로는 물이 차있어 곤란하고 신문지를 펴고 뒤를 보아야 할 상황이다. 큰일이다 싶어 직접 대장 검사를 받는 요령을 택했다. 일반 검사료까지 물며 예약하고 돌아왔다.

집에 온 후, 대장 속을 세척해야 했다. 저녁을 굶고 생수를 큰 병으로 두 병 넘게 마시고 배설 신호를 기다리려니 내장이 냉동되는 것 같았다. 덜덜 떨며 화장실을 드나들었다. 똥을 피하려다 비싼 비용까지 물며 밤새 고생만 하였다. 내 똥, 내가 밟은 격, 간호사의 말에 따를 걸 후회를 하였다.

똥이 건강의 지표임을 모르는 이는 없을 것이다. 그 예로 궁중 문화를 들 수 있다. 조선시대 임금은 궁중어로 매화틀이라고 하는 이동식 좌변기를 사용했다고 한다. 임금이 그 틀에 매화를 생산하면 전의는 매화를 살펴서 임금의 건강을 체크했다. 전의는 사시장철 매화를 감상하며 수라를 조절하고 걸맞은 약을 처방하여 옥체의 강녕을 살폈던 것이다.

똥이 추하다는 선입관 때문에 건강 검진에서 곤혹을 치렀지만 따지고 보면 편견이다. 옛 시절, 푸성귀를 길러낸 비료가 분뇨였다. 내가 태어나 자란 곳이 서울 변두리 왕십리고 보니 똥을 지게로 날라 밭에 붓는 광경에 익숙했다. 얼마 후 밭을 갈면 분뇨로 하여 토질은 비옥하게 되고 그 밭에서 자란 소채는 건강

하였다.

나는 종종 신생아를 떠올려 본다. 태아에게서 신의 섭리를 대한다. 태아는 출생 후 얼마 간 지나면 태변을 눈다. 보드랍고 하얀 기저귀 위에 태지·담즙·솜털·색소 등이 섞인 짙은 녹색의 똥을 눈다. 태아가 엄마의 뱃속, 양수 속에 똥을 누었다면 어찌 될까. 세균의 번식으로 엄마는 물론 새 생명의 목숨까지 잃어야 할 것이다. 태아가 두 생명을 살리기 위해 꾹 참고 있다가 엄마 앞에 누어 놓는 배내똥, 아름답고 고귀한 섭리이다.

또, 엄마 품안에서 젖을 빨며 잠든 아기, 나비와 노는 꿈을 꾸다가 잠에서 깨어나 칭얼거린다. 살펴보면 기저귀 위에 똥을 싸 놓았다. 엄마는 미소를 짓는다. 아기의 똥이 추하기는커녕 예쁘고 그 냄새까지 구수하다고 여기며 새 기저귀로 갈아 채워 준다. 검지로 꾹 찍어 입에 넣어도 마다하지 않을, 꽃으로 피어난 아기의 샛노란 똥.

풀숲을 둘러보면, 연한 연두색 줄기 끝에 샛노란 꽃송이를 달고, 돋아난 솜털이 윤기를 내고 있는 풀꽃이 있다. 잎은 서로 어긋나게 달려 있고 들쭉날쭉 제멋대로 생겨났어도 부드러운 곡선에 타원형을 이루고 있는 풀을 볼 수 있다.

기침·백일해·기관지염·위장통증·간염·황달에 이 풀을 말려 달인 물을 먹으면 효험이 있다고 한다. 또, 옴, 종기, 벌레에 물렸을 때 생풀을 찧어서 그 즙을 부위에 붙여 주면 효과가 있다고 한다. 이 풀은 한방에서는 백굴채(白屈菜)라 불리는데, 단, 독성에 주의해야 한다. 이름 하여 '애기똥풀' 이다.

손가락 끝에 묻어나는 아가의 샛노란 똥, 그 이름도 예쁜 애기똥풀.♥